司法の裏金

警察・検察・裁判所の裏金作りの手口と
権力の本質を歪める働き

年　表（検察・裁判所関係）

1992（平成4）年12月
香川県警本部に白鳥町談合情報を提供するも国の統一見解で捜査しないと拒絶。川上が高松地検に告発状を提出。

1993（平成5）年4月
三井環氏が高松地検の次席で着任して白鳥町談合の告発を受理。

2001（平成13）年1月
三井環氏、調査活動費の裏金化を内部告発『噂の真相』に西岡研介記者による記事が掲載

2002（平成14）年3月29日
加納・高知地検検事正告発される。

4月3日　高松高等検察審査会　不起訴処分不服申立（実名）

4月22日　午前、**三井環氏逮捕**（午後、鳥越氏の取材予定）

2003（平成15）年
川上氏証人申請が決まった翌日、原田検事総長退職。海外に出る。

7月2日　三井裁判　川上氏証人尋問

年　表（警察関係）

2002（平成14）年5月
金子氏 Winny を公開

7月5日「稲葉事件」

9月28日　裏金に触れず、有罪判決
２００８(平成20)年8月29日
　三井環氏実刑判決確定（懲役1年8か月、
　　追徴金約22万円）
２００９(平成21)年4月28日
　生田暉雄氏　最高裁に対して情報公開請求
２０１０(平成22)年1月28日
　生田暉雄氏　公文書公開拒否処分取消請求事件を
　東京地裁に提訴(被告　最高裁)
２０１２(平成23)年5月31日
　東京高裁　棄却

２００４(平成16)年2月10日
　元北海道釧路方面本部長原田宏二氏裏金問題記者会見
3月1日　元弟子屈署次長斉藤邦雄警部が裏金問題
　で実名顔出し記者会見
5月10日　京都府警察、金子氏を逮捕(著作権法違反幇助)
２００５(平成17)年
1月20日　仙波敏郎氏記者会見
２００６(平成18)年12月13日
　京都地方裁判所、金子氏有罪　(罰金１５０万円)
２００８(平成20)年6月13日
　鈴木宗男氏「警察組織における裏金問題に関する
　再質問主意書」
6月24日　受領答弁
２００９(平成21)年10月8日
　金子氏　大阪高裁　逆転無罪判決
２０１１(平成22)年12月20日
　金子氏　最高裁第三小法廷、無罪確定

はじめに

◆だまされること自体がすでに一つの悪である

『権利のための闘争』（岩波書店）という本があります。19世紀のドイツの法哲学者ルドルフ・フォン・イェーリングによるウィーンでの講演録をまとめたものです。

「世界中のすべての権利＝法は闘い取られたものである。重要な法命題はすべて、まずこれに逆らう者から闘い取られねばならなかった。また、あらゆる権利＝法は、一国民のそれも個人のそれも、いつでもそれを貫く用意があるということを前提としている。権利＝法は、単なる思想ではなく、生き生きした力なのである。」（29頁）

この本については、いろいろな意見がありますが、私が思うのは、**「悪事に目をつぶっていては、悪い方向に加速する。それをあなたはどう考えていますか？」**ということです。

あなたは、政治家、弁護士、弁護士会、国会議員、マスコミ、警察、検察、裁判官、市民活動家、学者、市民、誰でしょうか？　本当に自分が人間として、どう人と関わっていきたいか、というところを見ていただきたいのです。

悪事を見逃さず、正義を守るはずの警察、検察、裁判所が、犯罪である裏金を作り、メディアが権力に忖度する日本。本当に、それでいいのか？　と投げかけたいのです。

本書の第2章に登場する、検察の裏金を告発した、三井環氏はこう言いました。
「自らの犯罪を隠すため口封じ逮捕した側ではなかったことが良かった。場合によっては口封じ逮捕をした側になっていたかも知れない。それは紙一重である。所詮人間が考えることである。ただ犯罪を犯し、ひた隠し、大嘘をつくことだけは私はしない。それが人間としての原点だからである。」

三井環氏が裏金不正流用を告発しようとした元上司の加納駿亮大阪地検検事正の昇進人事をめぐって小泉内閣と検察が衝突したとき、ついに小泉総理と原田昭夫検事総長が後藤田正晴（元検察庁長官・元官房長官）の事務所で秘密トップ会談をしました。ここでいわば「裏金容認談合」が行われ、その後の「国策調査」続出につながったと見られる、と川上氏は言います。後藤田氏は、この直後、「まさに、これはけもの道だ」と呟いたそうです。

警察の裏金は、検察のそれよりずっと広範です。第1章で記していますが、「警察会計の仕事の99・9％は裏金づくり」といわれる日常的ニセ領収書の数は、全国津々浦々で年間推定数十万枚にも達します。各県の警察本部の裏金が警察庁へ「上納」されているのは公然の秘密だそうです。さらには、その「上納裏金」の原質として、拳銃を摘発した数によって増額される「捜査費」の裏金化とその（警察庁への）キックバックを指摘する人もいます。

これまでも、裏金を告発した方は若干いますが、多くの人は口を閉ざしたままです。警察の裏金問題を追及するメディアは数えるほどです。テレビ朝日の「ザ・スクープ・スペシャル」と高知新聞に続いて北海道新聞が大々的に裏金問題を報道しましたが、最終的に北海道警にリベンジされてしまいました。

こうした検察と警察の裏金の実態を知って驚く人、怒る人、あきれる人、嘘だと思う人などそれぞれでしょうが、間違いなく、これが私たちが治安を託している組織の実態なのです。

警察官、検察官、裁判官、弁護士、メディア、そもそもどんな思いで、この仕事を目指し、この職に就いたのかを各人、思い起こしてもらいたいのです。何もこの人たちは、特別な人ではないのです。同じ町内に住んでいる、もしかしたら、同じマンションに住んでいる、極身近な人なのです。

私たちは、批判したいわけではなく、警察・検察・裁判所・ジャーナリズムには、本来の役割を果たしてもらいたいだけです。この4つが機能しない国は亡びていきます。さらに言えば、裁判所・ジャーナリズムが今以上に本来の役割を果たすようになっていけば、自ずと警察と検察は変わらざるを得ません。

『転落の歴史に何を見るか』（ちくま新書 斉藤 健 著）の中に「真珠湾の奇襲によって、

世界の海戦が航空戦の時代に突入していることを日本軍自らが証明しておきながら、なにゆえ、のちにあっけなく米軍機によって沈められる戦艦大和に寄りかかり続けたのか」との疑問にこう答えています。

「長年苦労をさせてきた水兵たちに対して、「もう君らの時代は終わった、これからは飛行機の時代だ」とは言えなかった」

「大艦巨砲主義で築かれた組織を変革することは、人情にもろく波風が立つのを嫌う日本人の性格では難しかったというのである」

本書では、司法の裏金作り、ジャーナリズムの権力への忖度を指摘していますが、個人を糾弾して、刑事罰にしたいわけではありません。『転落の歴史～』のように、先人の悪行に情をもって体制を変えない司法が、このままでは、日本を崩壊させていくことを何とかしたいだけです。歴史から学び、事実を公表し、責任者は必要であれば辞任し、今までの組織の体質を改革してほしいのです。本書を、そのきっかけにしたいのです。

「だまされること自体がすでに一つの悪である」という人もいます。「だまされた」と知っていながら平気でいられる国民なら、おそらく今後も何度でもだまされるだろう、と…。

◆世の中で最も恐ろしいこと

世の中で最も恐ろしいことは、大病を患うことと、無実の罪で裁判に巻きこまれてしまうことだという人がいます。たとえ命が助かっても、大変な苦しみに苛まれなければなりません。こういう私も、ある事件で冤罪に巻き込まれ、もう25年近く、雪冤の努力継続中です。

そのなかで、なぜこのような冤罪が起きるのか？ と幾度となく考えてきています。その中で考え付いたのが、関東再審弁護団連絡会構想です。

「世の中の理不尽さに人知れず苦しんでいる人に対して、心に寄り添ってサポートすることで、差別のない公平な社会づくりに貢献する！」を経営理念に、冤罪被害者に寄り添う正義の弁護士について、思う存分その正義を発揮してもらえるように弁護士の再審を中心とする弁護士の活動（冤罪の確率が高い場合は、通常審もあり得る）を、経済的、事務的、人的支援をし、また、冤罪被害者及び冤罪被害者家族に寄り添い、できる限り平穏な生活を送れるような支援をする。さらに社会に広く、支援冤罪事件や他の冤罪事件と思われる事件等についてその詳細を出版、動画配信等を通し、発信しています。

再審無罪の事件についても、捜査機関・裁判所は自らの非を認めようとせず、一言の謝罪なく反省の色も示さず、捜査に違法はなかったと平然としています。四大死刑冤罪事件

（免田事件、財田川事件、松山事件、島田事件）だけでも、死刑判決に判を押したヒラメ裁判官は数十人にのぼります。だれ一人責任をとった人はいません。（まもなく、袴田事件も加わることでしょう）

政府は「わが国の司法は、それを担う裁判官、検察官をはじめとする司法関係者の公正さ、中立性、廉潔性等によって、基本的にはその役割を適切に果たしている」と自画自賛しています。メディアも、被告人を裁くのではなく、検察の主張に疑いがあるかないか、自律的にチェックする、これこそが真のメディアの役割ですが、それをしません。

私は、この25年、警察の不当捜査、検察の不当起訴、裁判官の不当な訴訟遂行、判決を体験し、そして見てきました。もちろん、メディアの偏向報道も…。

◆「裏金」内部告発者を動かしたのは私憤、公憤、そして「真実」の追求

世に存在するさまざまな裏金が表に出てきたのは、「内部告発」です。

そうした内部告発者たちが表に出る契機となったのは、不正に対する大いなる違和感、中には組織内で不遇を受けてきたことなどによる「私憤」もあったでしょうが、しかし、その根底には、必ず、「公憤」が存在します。そして、そうした「公憤」へと内部告発者たちを突き動かしたものとは、結局のところ、「何としてでも、真実を伝えたい」という切実

なる想いであり、「このままでは、日本はダメになる」という危機感でしょう。

本書を読めば、日本が実は三権分立の国ではないことが分かり、我々が「裁判＝正義と真実の追求」という幻想の中にいることに気づくでしょう。

警察の組織的違法行為があった場合、それを摘発できるのは上位の捜査機関である検察しかいません。しかし、その検察もまた、同じことをしていたとしたら…。さらに、それを裁く裁判所も、同じようなことをしているとしたら…。

本当に検察は警察の組織的犯罪疑惑を捜査できるのであろうか？しかも、自らも調査活動費不正流用疑惑という同じスネの傷を抱えながら…。裁判所だって、有罪で判決を出せるのだろうか？

検察は裏金で警察を起訴できるか？さらには、警察と検察と裁判所とが仲が悪くなったら、治安維持上困った事態になるおそれがあると言う人もいます。

検察が本当に全ての警察の裏金にメスを入れれば、警察官は誰もいなくなってしまう？検察庁としても手の付けようがないのか？警察の裏金疑惑はそのあまりのスケールゆえに刑事司法の信頼性が致命的なまでに傷つき、三権の一角が壊滅してしまう恐れがあります。

これまでの警察不祥事のように、最悪、都道府県警のトップが責任を取ればいいという話ではありません。トカゲの尻尾切りが通用しないばかりか、幹部警察官全員が被疑者というとんでもない話なのです。あらゆる警察組織で何十年にも渡り、連綿と裏金作りが続いてきているのです。上司の命令で、ほとんどの警察官が支払い精算書や領収書を偽造させられてきているのです。それは、横領金額の累計数兆円、犯罪に手を染めた警察関係者数万～数十万人という空前絶後の詐欺横領事件となるのです！

こういう言い方は変ですが、この国の警察トップが、裏金疑惑を認める訳にいかないのも、うなずけなくもありません…。このような告発書を出版しておきながら、日本の治安維持のためには、あまり事を荒立てずに自浄作用を働かせることによって裏金を無くして欲しい…とも、思ってしまうのです。

とは言え、検察はメディアに対する影響力を保ち、自らの恥部を覆い隠すためにも常に警察の恥部も隠し続けなければならないのか？　自己保身のために何をやってもいいのか？

裁判所も、検察の言い分を裁判官がほとんど認めるので、裁判所は検察の暴走をチェックする役割を果たしていません。主要な新聞・テレビメディアと警察と検察の癒着関係で、裏金問題を報道するメディアは稀です。報道した記者は、左遷や退職をしています。三権の暴走をチェックすべきメディアは、その役割をほとんど果たしていません。四権分立、マスメディアが本来の機能をしていないのです。むしろ、情報操作しているのです。

つまり、警察・検察をメディアと裁判所が強力にサポートする体制ができあがっているのです。

冤罪を含め、司法の問題の原因中の原因、素因がどこにあるか？　といろいろな人と話してきていますが、その中で、【裏金】であるという人たちに出会うことができたのです。

いつの世でも、真実を追求し、それを明らかにしていくことは、途方もない精神的、肉体的犠牲を伴います。しかし、以上のことを明らかにするため、そのことを私に教えてくれた先輩方にそれぞれ執筆をお願いしました。22年にわたり裁判官を務め、現在は弁護士の生田暉雄氏、日本の不正を正すため、新聞社を経営する川上道大氏です。

本書において、自身を顧みず、ダメなものはダメとした、川上道大氏、生田暉雄氏の、勇気ある告発に心より敬意を称します。

誰かが、実際に動かなければ何も変わらないのです。私ができることは、そうやって語られた「真実の記録」を書き溜め、人類の歴史として後世に残すことだけです。

その評価については、歴史の判断を待つしかないのでしょう。

次に続く人たちに、期待します。

二〇二三年五月吉日

釣部　人裕

もくじ

第1章 警察の裏金

第2章　検察の裏金

序章　三機関の裏金を全て集約することの絶大な意義

弁護士　生田　暉雄

1、裏金の問題の所在

◆裏金獲得の4つの問題点

　これまで警察・検察・裁判所それぞれの裏金を個別に明らかにした書籍は存在しました。また警察、検察の裏金をまとめて書籍にした本も存在しました（『日本の裏金、検察、警察編』古川利明著、第三書館刊）。しかし、これまでも三者統合の裏金を集約することの必要性が強調されていましたが、それがなかなか実現出来ませんでした。

　この度、万代宝書房による絶大な尽力でこれが果たされたのです。これによって日本の捜査、裁判の全ての機関が裏金の獲得に毒されている状況が一見して明白になったのです。今度万代宝書房刊の『司法の裏金』は今後絶大な効果を発揮することになるでしょう。今度の万代宝書房の発刊は、考えている以上の効果を発揮することは間違いありません。

　公務員の裏金獲得をめぐっては、次の4点が問題となります。

第1点は、裏金獲得のため、本来の業務が疎かになっているのではないか、という点。

第2点は、捜査公務員及び裁判官が裏金を獲得しやすいように、本来あるべき捜査体制や裁判制度を追及せず、捜査体制及び裁判体制を裏金を獲得しやすいように歪めているのではないか、という点。

第3点は、国民が捜査公務員及び裁判所の裏金獲得を知る方法及び捜査公務員及び裁判所の裏金獲得を防ぐ方法についてです。換言すれば、捜査、裁判所の情報公開（ディスクロージャー）の点。
第4点は、本来の合理性を追求しようとしない諸制度には裏金獲得との関連を疑う必要がある点。

裏金問題は非常に重大な問題です。何よりも日本社会の問題がすべて集約されています。順を追って明らかにしますと、
第1 捜査法がないこと。
第2 捜査の三段階方式を採用しないこと。
第3 公務員が私的利害関係を公務より優先することには理由があること。
第4 裏金等公務員の私的利害の追及の酷さ、及び、それによって重大な冤罪が生じていることに対して、市民の怒りを根拠に「暗殺民主主義」が実行されること。
第1章以下で、第3から第4について詳論をします。
裏金問題は、国家や社会の諸制度についてそれを蝕んでいるのです。裏金問題を軽視してはいけないのです。

2、問題点 第1について

◆憲法・国家公務員法・地方公法違反の違反行為

憲法15条2項は、「すべて公務員は、全体の奉仕者であって、一部の奉仕者ではない」と定めています。公務員を務めながら、私事である裏金獲得に奔走することは、憲法違反の行為です。

国家公務員法98条は、公務員の法令及び上司の命令に従う義務並びに争議行為の禁止、99条は信用失墜行為の禁止、１００条は秘密を守る義務、１０１条は職務に専念する義務等を定めています。地方公務員法30条から35条にも同様の規定があります。

このような公務員の誠実義務、職務専念義務と裏金の獲得は根本的に相反する行為です。裏金の獲得は、憲法、国家公務員法、地方公務員法違反の重大な違法行為です。それだけでなく、裏金獲得行為のため、公務員の職務が何らかの形で歪められていると推測されます。このような公務員による歪んだ公務を受けている国民にとって、幸福度世界54位もやむを得ないことでしょう。

◆日本は人権後進国、日本における幸福度は世界54位

日本における人権侵害の実態は深刻なもので、世界から人権後進国といった、極めて不名誉な称号さえ与えられています。日本の人権侵害の実態は世界的に有名で、例えば『問

われる日本の人権』（「日弁連、こうち書房１９９３年刊」、『世界に問われた日本の人権』（日弁連、こうち書房１９９４年刊）等に詳しいです。

捜査、裁判の各機関において、これほど裏金獲得に力が注がれていては、そのような不名誉な汚名も当然のことかもしれません。

日本は世界でも幸福度が高くない国です。1位のフィンランドから8位のノルウェーまで上位8位はヨーロッパの国が独占しています。一方で日本は54位でした。

幸福なりたい！　そう思っているはずなのに、なぜ日本人は、幸福を感じにくいのでしょうか（『80歳でも脳が老化しない人がやっていること』西剛志著アスコム刊、２０２２年発刊51頁）。

四季折々の風光明媚な日本の風土に国民は不満はないはずです。そうすると幸福に感じない理由は、社会のあり方、政治の方法にあるとしか考えられません。公務員の裏金獲得に執着していることと関係があるのでしょうか。

このように、人権後進国、幸福度の少ない国を捜査、裁判、三機関の裏金追及との関連を今後更に明らかにする必要があるのではないでしょうか。

3、問題点 第2について

◆「捜査法」を持たない日本

問題点第2は、捜査公務員、裁判所が裏金を獲得しやすいように捜査体制、裁判体制を歪めているのではないかという点です。

合理性を追求することで、世界的に有名な日本において、人権後進国といった汚名を長らく注がせないことや、世界の捜査体制が合理的で有名な三段階方法を採っていることは、日本の捜査機関においても、とっくに理解しているはずです。それにもかかわらず、人権後進国の汚名を払拭せず、また合理的な捜査の三段階方式を採用しないことについては、何か重大な裏事情と関連しているとみなさなければなりません。

その裏事情が裏金の獲得と関連しているのではないかと推測されることです。

民主主義国家では、公務員のする重要な行為には、法律の根拠があります。当然のこととして、犯罪捜査に関して、捜査の依って立つ基準となる「捜査法」を持たない民主主義国など、世界のどこを探しても無いはずです。

ところが無いはずの国があるのです。それが日本です。

皆さんは、日本国、日本社会に犯罪捜査に関して、法律による記載、つまり捜査を規制したり、指導する捜査のルールを定めた法律が一切無いことをご存知でしょうか。

犯罪捜査は最も人権と衝突する場面が多いところです。そこで世界中の民主主義を標榜する国において、犯罪捜査を規制する法律、捜査のルールを定めた法律を持たない国はありません。

ところが日本国、日本の社会は犯罪捜査のルールを定めた法律が一切ありません。刑事訴訟法はありますが、これは刑事裁判に関する法律で、捜査のルールについて定めた法律ではありません。

「犯罪捜査規範」と銘打った規則があるではないですか、という人がいるかもしれません。現行の「犯罪捜査規範」と命題されたものは、法律ではなく、国家公安委員会規則です。その上犯罪捜査の準則では無く、警察職員の勤務及び活動の基準としての性質を有する（『新版逐条解説犯罪捜査規範』警察庁刑事局編東京法令出版株式会社 ４頁）ものに過ぎません。

◆なぜ、日本には「捜査法」が無いのでしょうか？

捜査法は、本来人権と最も対立が生じる場面です。捜査を規制、指導する捜査に関する法律が、民主主義国では当然存在するはずです。しかし、日本では捜査を指導規制する法律は存在しません。捜査は捜査機関の良識による善用に任せれば良いとの考えです。捜査に関する慣行と、内部規律に任せれば良いという考えです。「捜査が悪用される」ということを言い出す人は「言霊」信仰の社会では、捜査の悪用を望んでいるとみなされ、捜査の悪用を規制する法律が必要であると言い出せないのです。

普通であれば、皆さんが冤罪が生じたと聞けば、まず捜査に関する法律ではどうなっているのか、「捜査法」のどのような違反か、捜査に関する法律のどこに不備があったのかと思うことでしょう。

ところがどうでしょうか。これだけ冤罪問題が叫ばれながら、「捜査法」の存在を問題にし、「捜査法」のどこの、どのような違反かを問う人さえいません。異常な日本の社会です。

捜査を指導し、規制する法律が無く、捜査についての慣行や内部規律だけで合理的に捜査が出来るでしょうか。捜査の合理性よりも、捜査から得られる利得があるため、「捜査法」が無い不便をむしろ喜んでいるのでしょう。

捜査機関において「捜査法」を作る意思があれば、直ちに出来るはずです。

◆捜査の三段階方式を採らない日本

諸外国の捜査方法を見ますと、捜査を可能な限り、段階分けをし、各段階に責任者を配置し、各段階ですべきことを決定します。そして、捜査に当たり各段階でしたこと、出来なかったことを記録に残し、後日国民の公開に備える、捜査の公開です。そして、捜査は三段階とします。捜査を（1）初動捜査、例えば指紋、足跡等現場保存、（2）本格捜査、例えば捜査線（犯罪の手口、物件移動経路）等、（3）取調べの三段階に分ける。各段階に異なる捜査官を配置する。初動捜査、本格捜査、取調べはそれぞれ別の捜査官が担当するのです。各段階の責任者を定め、各段階の捜査員を固定します。以上が諸外国の捜査方法です。

日本では捜査の三段階方式は採られていません。捜査と鑑識の2つに分かれています。三段階方式を採らないで、可能な限り犯人らしき者を早く見つけ、自白を得て、裏付け証拠を採取するという方法です。初動捜査、本格捜査に独自の価値はありません。自白獲得捜査といわれる所以です。

日本の刑事裁判の冤罪多発の根本原因は、捜査が自白偏重になっていることにあります。これが国連から勧告の対象でした。すなわち

①諸外国では、せいぜい2〜3日にすぎない被疑者の身柄拘束期間が日本では23日と桁違いの長期間であること。

②捜査機関が被疑者といつでも、どのような時間帯でも取調べ可能にするために、警察留置場を「代用監獄」にしていること。

③起訴するまで被疑者は保釈される権利がないこと。

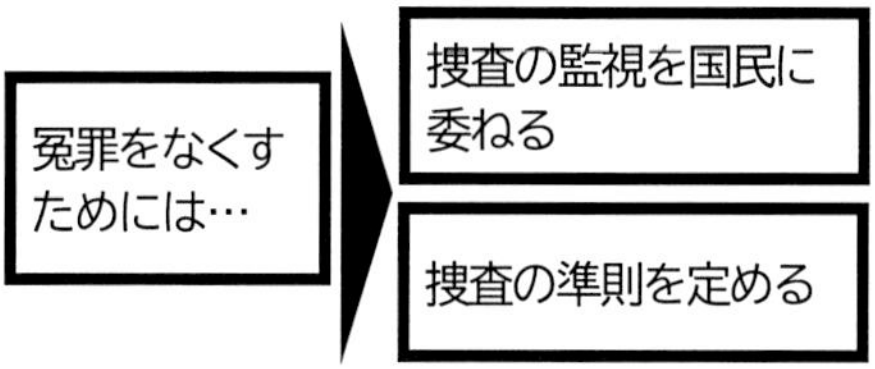

④弁護人の取調べが立会権、取調べ状況を可視化するビデオ撮り録音も認められていないこと。
⑤弁護人による被疑者の接見についても捜査機関の制約が甚だしいこと。
などの問題が指摘されています。

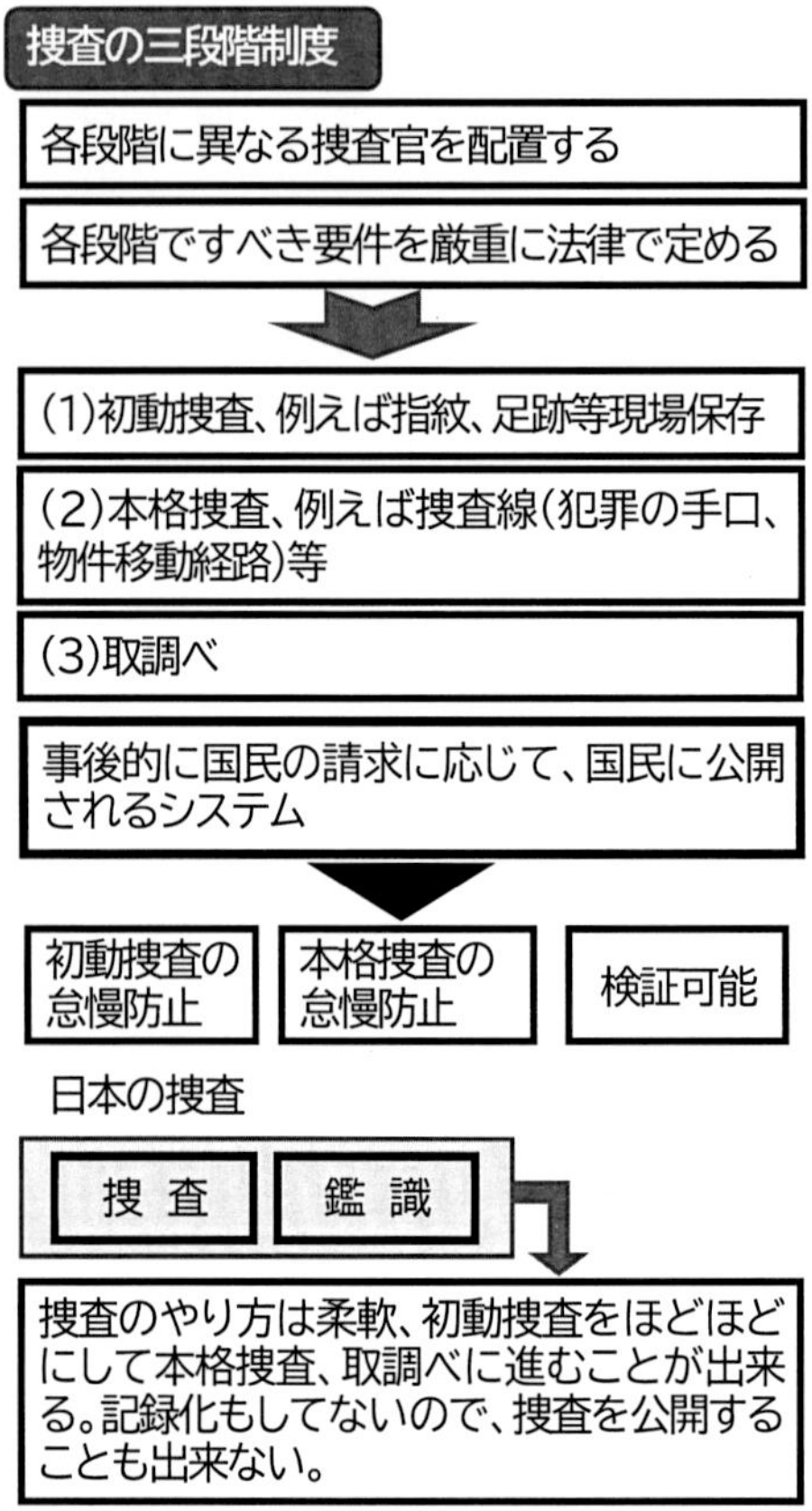

捜査の三段階制度
各段階に異なる捜査官を配置する
各段階ですべき要件を厳重に法律で定める
(1)初動捜査、例えば指紋、足跡等現場保存
(2)本格捜査、例えば捜査線(犯罪の手口、物件移動経路)等
(3)取調べ
事後的に国民の請求に応じて、国民に公開されるシステム
初動捜査の怠慢防止
本格捜査の怠慢防止
検証可能
日本の捜査
捜 査
鑑 識
捜査のやり方は柔軟、初動捜査をほどほどにして本格捜査、取調べに進むことが出来る。記録化もしてないので、捜査を公開することも出来ない。

諸外国で身柄拘束期間が2～3日で済むところ、なぜ日本では23日と桁違いの長期間なのでしょうか。そして、それも諸外国や国連から非難を受け続けながら、どうしてそれをしないのでしょうか。その理由は、自白偏重捜査体制を取ることによって、捜査機関で得ることが出来る大きな利得があるからであると考えられます。

◆裁判員制度により、自白偏重が捜査体制を更に強化させている

裁判員裁判の法律による、公判前整理手続きで「捜査法」のない捜査、自白偏重捜査体制が更に強化されているのです。以下に、具体的に述べます。

① 自白偏重捜査体制への批判

２０１０年の足利事件以来、布川事件や東電ＯＬ事件などの再審により、冤罪被害者が無罪判決を獲得するニュースが相次ぎました。そこで「取調べの可視化」、「司法取引」といった冤罪関連の制度の是非について、話題が強まってきました。

裏金獲得者達にとっては、獲得方法が問題とされる危機が近づいていると感じざるを得なくなってきたと考えられます。そこで自白偏重捜査体制を強化する必要に迫られて来たといえます。そこで、不正を継続する方法を裁判員裁判制度に求めることになりました。

② 裁判における公判前整理手続の新設

平成16年法第63号によって「裁判員の参加する刑事裁判に関する法律」略称して「裁

判員法」が制定されました。

裁判員制度のために考案され、これと一体不可分の「公判前整理手続」が、デタラメ捜査を肯定する法制度の新設です。この手続きにおいて、**公判前に裁判の争点の整理を行い、証人が証拠（自白調書も含む）採用を決定**します。**裁判員の関与しないところで、非公開でこれらのことが決められる**のです。しかも審理期間は長期に及びます。この間、検察官や弁護人の主張や証拠が詳細に審理されます。そのため、**公判前整理手続が終わった段階で「結論（判決）はもう決まってしまったのではないか」**と言われるほどです。

この公判前整理手続で、「出す」と言わなかった証拠を公判で出すことは原則としてできません。そして、公判前整理手続の時点では、検察側と弁護側の手元にある証拠に絶望的な差があります。検察側には、強制力を使って多数の捜査官が集めた膨大な量の証拠があるからです。これでは有罪を、はじめから決めてやっているようなものです。

これまで弁護人は、検察官提出証拠を公判廷の反対尋問で詳細に検証し、嘘や矛盾を発見すると、反対証拠を出して嘘や矛盾を明確にすることによって有罪証拠を崩し、無罪に至るという弁護活動を行なってきたのですが、裁判員裁判でこれが困難になったのです。

このように検察側が圧倒的に有利な公判前整理手続が終わったあとに、裁判員が選任され公判が始まり、原則として数日間の審理で有罪無罪の事実認定と、法律の適用及び死刑か懲役かの量刑判断をし、判決（ときには死刑判決）を言い渡すことになります。

公判前整理手続きは、裁判の公開（憲法37条）違反です。「市民参加」と銘打って裁判の**基本原理を失わせる矛盾の裁判員制度が創設**されたのです。

裁判を真実追及から更に遠ざける制度が出来たのです。それだけではありません。日本の捜査制度は民主主義国というには、ほど遠い制度でした。先に述べましたが、そもそも捜査の依って立つ「捜査法」がないのです。諸外国のように捜査の三段階制度も無く、捜査の公開もなく、捜査の国民に対する責任態勢も全く欠いています。そのような捜査制度を公判前整理手続で裁判制度上更に極めて有利な地位に押し上げたのです。このことも裁判員制度創設の当局の大きな狙いの一つであったと考えられます。

◆「捜査法」の無いやり方や、自白偏重の捜査体制と裏金の獲得との関連性

「捜査法」の無いことや、自白偏重捜査体制は、裏金の獲得に非常に役立つということです。「捜査法」が存在し、捜査のあり方、捜査の指導、捜査の規制が詳細に定められていれば、架空の捜査をでっち上げ、架空の調査活動をでっち上げて裏金を取得したり出来ないことは明らかです。また捜査の三段階方式が採用されて、捜査の各段階の責任者が定められ、各段階の捜査員が固定され、各段階でなすべきことが決定されていれば、裏金を獲得する方法などは生じません。自白偏重捜査で、捜査法が何も固定化されていないから裏金を獲得できるのです。第3章で述べていますが、裁判官の3号、2号、1号、高裁長官、

最高裁判事の要件が事前に定められて公示されていれば各号に該当する人数も事前にわかり、余分な予算請求をして裏金を生み出すこともできません。

以上のことから明らかなように、捜査機関、裁判所は、捜査や裁判所人事がその要件を厳格に定められていないことを良しとして裏金獲得の手段としています。各要件が厳格に法定化され、緻密に構成された制度や最終的に国民に公開される制度ができたら、裏金を獲得することはできません。逆に言えば、各要件をあいまいな、ルーズな規定とする捜査に関連する制度、国民に非公開の制度を公務員は作り裏金獲得の手段とするのです。

諸外国が「捜査法」を制定し、捜査の三段階方式を採用し、要件や責任体制を厳格に定めているのは、諸外国においても公務員の裏金獲得の発生を警戒しているからでしょう。

日本はそれと全く逆をしているので、日本だけ公務員の裏金が多いのは当然のことです。その結果日本は人権後進国であり、幸福度世界54位の今一つ住み心地の良い国ではありません。

◆冤罪と裏金獲得との関連性

裏金の獲得が「捜査法」を作らせず、自白偏重捜査を廃止しない根拠になっていることを検討しました。このこと自体が冤罪の発生の誘因になっていることは間違いありません。

それ以上に端的に裏金の獲得自体が冤罪の誘因になっているのかの検討です。本書が随所に強調しているように、冤罪では、裏金の獲得という公務員の憲法、国家公務員法、地方公務員法違反の行為だけでなく、更に裏金の獲得が組織内の収賄やセクハラ、昇任試験の不正の原因になり、引いては組織の機能を大幅に弱体化させます。**警察、検察における裏金の獲得が捜査機能の弱体化により、冤罪の原因になる**ことは間違いありません。

警察、検察の間違った犯人の捜査、起訴に対する刑事裁判において、最高裁による給料統制により最高裁の強力な統制を受けている裁判官の裁判は、最高裁に嫌われないよう、最高裁に好かれるように最高裁の顔色を伺い、無罪判決を極端に抑止します。

その結果、警察・検察の間違った捜査・起訴、そして、裁判所は有罪判決を下して冤罪の発生となります。このような経緯によって、裏金の獲得は冤罪の多発の原因になっているのです。冤罪防止の観点からも、公務員の裏金を防止しなければなりません。

4、問題点　第3点について

◆企業のディスクロージャーの実態

まず企業のディスクロージャー（情報公開）については、次のような状況です。

企業に関するディスクロージャーは、グローバルな市場原理の浸透が進めば進むほど、その要求度合いは高くなります。そこでは、公正性や透明性を十分満足させる積極的、自主的情報開示を継続して初めて市場が企業を信頼することになると思われます。

その意味で、財務諸表を中心とする企業情報に限らず、リスク情報についても積極的な開示が求められているのも当然の帰結だといえます。的確なディスクロージャーができてこそ、個々の企業のみならず、日本市場全体の信頼につながるといっても過言でないといわれています。

このように広く情報公開がされているのが、企業の実態です。企業の情報公開は、経済界の指導と企業の経済意識によって、自主的にほとんど完璧にされるようです。

◆捜査、裁判所のディスクロージャー

情報公開法が施行されて、２００１年４月から警察官の警察旅費（ＪＲ駅と車内の警備）の裏金獲得が廃止されました（仙波敏郎著『現職警察官裏金内部告発』講談社刊 70頁）。このように情報公開は裏金獲得の天敵なのです。

警察の裏金の原資は、捜査協力者、捜査費用、物品や食料の購入費、出張旅行費等です。（仙波前同書７頁）。裏金づくりに積極的に協力すれば、仕事のできない者でも、管理職に登用されます（前同書５頁）。

検察の裏金の原資は調査活動（調活）が中心です。裁判所の裏金の原資は、裁判官報酬3号2号1号要件を明示せず、過剰請求予算です。いずれも要件が明確に特定されていない分野です。

このように要件が明確に特定されていない捜査に関連する制度や情報公開の無い分野が裏金の対象（ターゲット）になります。

「捜査法」の無い捜査は、どのような捜査でも捜査機関において自由にできます。それに関連する捜査、例えば調査活動、旅費、日当も自由です。自白偏重捜査体制は裏金獲得の宝庫です。

そこで、捜査機関は「捜査法」を作らせず、また、自白偏重捜査体制を止めることになる捜査の三段階方式の採用などは決してしようとはしません。捜査機関内の裏金獲得の大半は「捜査法」の無い捜査や自白偏重捜査体制にその証拠が有ると考えられます。そして、裁判官の3号以上の要件を明示しないことが、最高裁の裏金の根拠です。

以上のように、捜査機関、裁判所は裏金の獲得が容易な制度、体制を目指します。それらの制度が合理的であるか、本来の目的により適しているか否かは二の次で、裏金の獲得に便利な制度、体制をまず目指すという恐ろしい傾向です。そのような傾向の中にあって、捜査機関や裁判所が裏金の獲得が困難になるような情報公開がされるはずがありません。

先に述べた企業の情報公開と、捜査機関、裁判所の情報公開は、その主体の状況が全く異なるのです。

捜査機関、裁判所の情報公開のためには、国民の主権者意識がもう一段強く成長していることが必要です。本書で裏金を知らされるまでは、国民は「捜査法」が無いことさえ知らず、自白偏重捜査を変えようとする意識を有せず、裁判官が給料を通じて最高裁に強力に統制されていることさえ知りませんでした。このような状況下で、捜査機関や裁判所の裏金を、国民に阻止することを求めるには、かなりの無理がありました。

ところが、今回、三機関の裏金を統合した書籍、本書『司法の裏金』が発刊されました。これまで、一つ一つの捜査機関や裁判所の裏金を読んでいるだけでは気づかなかったことが、三機関を統合して一つの書籍にされたことで解ってきました。

何よりも、捜査、裁判についての裏金づくりで解ったことは、明確で、詳細な制度の下では、裏金を作ることが困難ということです。

そのため、裏金づくりを容易にするために、捜査においては、「捜査法」を作成せず、自白偏重捜査を維持して、合理的な捜査方法である捜査の三段階方式を採用しないことです。また裁判官の給料を通じて、裁判官が最高裁に強力に統制されていて、「裁判官の独立」が無いことがわかりました。

今後は、本書『司法の裏金』の知識が、裏金獲得防止に縦横無尽に活躍する日がそう遠くない時期に来ることでしょう。

5、問題点 第4について

◆本書『司法の裏金』が重大な役割を果たす

最後に、裏金問題を軽視してはいけないという第4点を検討して終わりにしたいと思います。仙波敏郎氏の前書5頁等によれば、裏金の獲得は裏金のみならず、警察組織の数々の不正な制度、犯罪行為を生み出すこと、昇任試験の不正、収賄やセクハラ、さらには冤罪も生じ、警察の能力を低下をさせています。同書の第三章の１０６頁以下では、さらに不正が多く記載されています。

それを踏まえて裏金の弊害を要約しますと次の通りです。

・これまで、諸外国が既に採用している「捜査法」がなぜ日本には存在しないのか？

・諸外国が捜査の合理性を追求した結果、制度化している捜査の三段階方式を日本はなぜ採用しないのか？

・諸外国が起訴前の被疑者の勾留を2~3日に止めて自白偏重捜査に陥ることを防止しているのに、なぜ日本は起訴前23日もの長期勾留をし、自白偏重捜査を続けているのか？

・諸外国や国連から日本は人権後進国と非難されながら、なぜ、改善の努力をしないのか？

・裁判員裁判による公判前整理手続は、裁判の公判廷を無意味なセレモニー化して憲法の裁判公開の原則違反の疑いがある。なぜこのような手続きを新設したのか？

・なぜ日本には重大な冤罪が多発するのか？

以上のような原因の全てに、公務員による裏金の獲得が密接に関連していることが、本書『司法の裏金』の発刊で明白になりました。『司法の裏金』が明らかにした公務員による裏金の獲得は、単に公務員の違反行為や背任行為、公務員の嗜好の問題ではなく、冤罪を多発させ、日本自体を衰退させる重大な犯罪行為であることが明らかになりました。

このような公務員の裏金を防止する制度を充実させ、国民の主権者意識を一層高めることに務める必要があります。

◆日本における世界恒久平和主義の正しい理解の必要性

多くの総理経験者、竹下登、中曽根康弘、安倍晋三、岸田文雄等や政府関係の重職にある者、あった者達は、テロに遭うことを恐れます。殺害された総理経験者もいます。

なぜ重職者達は、テロに恐れるのでしょうか？

テロを恐れる心理と、裏金を追求する心理の似通ったところ、テロの被害者は公務を優先すべきにもかかわらず、個人的な利得の追求に熱心のあまり、公の職務を怠慢したことによります。これからは裏金の追求と似通った原理があります。この職務の怠慢により、冤罪等が生じ、一般民衆の視点から見て、度が過ぎていると認められると、民衆の怒りを買い、テロや暗殺の対象者になります。

それではなぜ、重職にあるにも関わらず、公務に熱意を注ぐことができないのでしょうか。それには、日本の公務といわれているものに、一定の大きな欠点があるのではないのでしょうか。

日本における公職の代表は、憲法の規定する世界恒久平和主義を日本国を挙げて追求するものです。憲法の規定する世界恒久の平和主義は、積極的平和主義と理解されています。ところが、政府関係者はこれを消極的平和主義と理解します。

消極的平和主義は、日本は軍隊を持たない、先制攻撃をしない、進んで軍事的争いをしない等に代表される思想です。この消極的国民主義において、政府のトップクラスは当面すべきことがありません。そのため極度に私的利害に関心が集中します。その結果、公務に対する配慮を怠る結果になるのです。

しかし、日本国憲法が規定する世界恒久平和主義は積極的な平和主義です。全世界の恒久的平和を願って、日本国全体を政界の平和主義にするものです。そのためには、もちろん軍備や、ましてや核の力を借りることなどしません。

世界最先端の情報テクノロジーを使った日本を世界一の情報保有国家とすることです。世界の隅から隅まで、戦争以前のチョットした争いの段階から微細な争いの兆しを察知して、事前に紛争の防止の努力をします。国連の平和維持機構も十分に利用します。このように、従来型では無い紛争の察知の最先端機器を使って、最先端先端の人的配置を利用し、従来型ではない紛争解決機構を使って新しい紛争解決に貢献することです。

そのためには、国内体制も従来型では無い、解決体勢が必要となります。政府の協力が何よりも必要です。これまで日本人のほとんどが、政府要因の人数はおろそか、人的、物理的手段については、全く知らないでしょう。人員についても何千人という単位であるとすると、単位が3桁は少な過ぎです。物的設備にしても見るからに貧相な首相官邸では全くダメで強大な超高層ビルが必要とされます。

このように日本が世界一の紛争解決国となることが、憲法の規定する世界恒久平和主義です。このように世界平和に全力投入する国家である日本の政府関係者は、自らも全力投入でこの仕事に当たらなければなりません。私的な利害関係を重視する余裕はありません。このような態度を取れない人が日本的「暗殺民主主義」やテロの対象者となることもありません。今日世界では核戦争の防止に必死です。しかし有効な手段が見つかりません。それどころか核拡散に打つ手が発見できない状況です。

核に対して核で対応する時代は終わりました。核に対するには最先端の情報国家による紛争の未然防止以外にはないのです。それは、日本国憲法の世界恒久的平和主義に従う以外にはありません。

今は、第二次世界大戦当時の「大艦巨砲主義」の再来です。当時は航空機時代に入っていました。ところが日本軍は「戦艦大和」で時代遅れの戦いをし、敗戦しました。この再来かのような国があります。北朝鮮は、日本が現代の「大艦巨砲主義」を取るようにさかんに煽っています。

日本は50箇所を超える原子力発電所があります。これを攻撃されないよう核防備をするはずです。そこで、北朝鮮はいかにも核攻撃の準備のように、盛んに核宇宙戦の実験を繰り返します。北朝鮮にとって実験が成功しようと失敗しようとどちらでも構わないのです。日本に対する圧力になれば良いのです。

日本は、北朝鮮の狙いを知ってか知らずか、北朝鮮のあおりを受けて核軍備を急いでいます。この狙いに乗ることは・だまされたフリか本気か、いずれにしても失敗です。大変な歴史です。挽回は不可能でしょう。再び敗戦です。

核に対する正しい対抗は、憲法の積極的民主主義に則って、最先端情報戦国家となる以外にはありません。日本に対して、重大な関心を持たざるを得ません。観光一つとっても根本的に単位、内容が違ってくるでしょう。情報だけでなく、あらゆる物的の対応が根本的に異なります。

貿易収支は黒字となります。何よりも日本に対する投資が増大します。

今、日本では軍拡、少子高齢化、食料対策に頭を痛め、その財源に困窮しています。しかし、積極的世界平和策を採ると思わぬ方向で財源の解決が得られる可能性が大です。積極的平和主義は持ち出すばかりでなく、見返りも相当なものになるはずです。積極的民主主義を採れば、日本はますます発展することは間違いありません。

憲法の規定する世界恒久平和主義は、国連を固定化して考えることではありません。国連も変化の対象です。従来の世界平和から何歩か先を世界の平和外交とする必要があります。

◆「暗殺民主主義」が日本の民主主義の根底にある

日本において「暗殺民主主義」と命名するのが相当な事象が存在します。これは、公務員が公務に専念する義務を全くせず、裏金の確保に邁進し、重大な冤罪を生じ、市民の観点から怠慢かやり過ぎとみなされる事態に、テロないし「暗殺」が実行される状況をいいます。

〈暗殺、テロにおびえる偽政者〉
1、1988年3月4日　竹下登元総理脅迫
　　　　　　　　同　日　中曽根康弘元総理脅迫
2、2022年7月8日　安倍晋三元総理殺害
3、2023年4月15日　岸田文雄総理爆薬投げつけられる
4、その他文芸春秋2023年6号94頁〜118頁によると、『朝日襲撃「赤報隊」の正体』によれば、1998年12月8日から2003年（22年間）の間において16件報告されています。米国、ソ連領事館に対し、朝日新聞東京本社や阪神支局に対し、約16件に渡って放火未遂や銃撃事件であります。リクルート江副浩正会長宅で発煙筒による放火事件もあります。

◆「暗殺民主主義」が存在する日本

日本の民主主義には、根底的に全く矛盾する2つの思想が存在します。民主主義と暗殺民主主義です。「暗殺民主主義」の存在は上記『文芸春秋』の記事からも明らかです。

「暗殺民主主義」が実行される時、個人の利敵利害追求のため、民主主義社会が行き詰まったときに加えて、一般市民の衆目が一致して、その被暗殺のやり方がやり過ぎたと目

されたとき、暗殺は実行されます。

暗殺の実行において、実行後政治体制の根本的変化やクーデター等が発生したりしません。「暗殺民主主義」と称される理由です。


日本に暗殺民主主義が存在する理由はんでしょうか?

日本ではデモや請願運動等、大衆運動が容易ではありません。そのため社会の行き詰まりの悪の根源を排除する「暗殺民主主義」に頼らざるを得ないのです。

暗殺民主主義社会は、再び正常な民主主義に戻るのが、日本の民主主義の特徴です。「暗殺」は要するに、衆目の一致した社会悪を排除することが、日本の「暗殺民主主義」です。「暗殺民主主義」は社会の民主主義が行き詰まると実行されるので、日本の民主主義の底の浅はかさが言われます。しかし、実行によって何らの社会変動も生じないので、底の深さの指摘も可能です。


以上のような民主主義は、日本特有のもので諸外国には、存在しません。何かこの特有の現象をもたらすのか、是非社会学による社会分析を待ちたいと思います。特に、日本においてはデモ等の大衆行動が起こしにくいです。大衆の不満を抑え込むことは不可能なのです。「暗殺民主主義」の対象者になった者は、なぜ公的職務よりも私的利害関係を優先したのか、この点の心理学的分析については、先に論じました。

本書『司法の裏金』がそれらについて重大な役割を果たします。
厚く感謝したいと思います。

（文責　生田　暉雄）

第1章　警察の裏金

※この章は、複数の元警察官の方に執筆を依頼しましたが、既に他界されていたり、諸般の事情で辞退されました。それだけでなく、各警察、特有の特色も多数存在しこれをまとめるためにも一人の著者に最終的には頼まざるを得ません。そこで、私（釣部人裕）が既刊の書籍、新聞記事を参考に、若干の取材をし、執筆しました。

釣部　人裕

1、映画「Winny」

本書を執筆している最中、２０２３年3月10日に封切られた映画があります。題名は「Winny」です。国家権力やメディアと戦い、警察内部の腐敗を暴いた真実に基づいた物語です。開発者・金子勇さんが制作した「送受信用プログラムの機能を有するファイル共有ソフトWinny」から、警察の「裏金」の代表的な捜査協力費の証拠が発覚したことで、それを隠蔽するために金子さんを逮捕して、天才的な能力を封じ込めたのです。

公式ホームページから、【STORY】【ABOUT Winny】を引用します。

【STORY】

殺人に使われた包丁をつくった職人は逮捕されるのか―。
技術者の未来と権利を守るため、
権力やメディアと戦った男たちの真実の物語。

２００２年、開発者・金子勇（東出昌大）は、簡単にファイルを共有できる革新的なソフト「Winny」を開発、試用版を「2ちゃんねる」に公開をする。彗星のごとく現れた「Winny」は、本人同士が直接データのやりとりができるシステムで、瞬く間にシェアを伸ばしていく。しかし、その裏で大量の映画やゲーム、音楽などが違法アップロードされ、ダウンロードする若者も続出、次第に社会問題へ発展していく。
次々に違法コピーした者たちが逮捕されていく中、開発者の金子も著作権法違反幇助の容疑をかけられ、２００４年に逮捕されてしまう。サイバー犯罪に詳しい弁護士・壇俊光（三浦貴大）は、「開発者が逮捕されたら弁護します」と話していた矢先、開発者金子氏逮捕の報道を受けて、急遽弁護を引き受けることになり、弁護団を結成。金子と共に裁判で警察の逮捕の不当性を主張するも、第一審では有罪判決を下されてしまう…。
しかし、運命の糸が交差し、世界をも揺るがす事件へと発展する—。

映画のホームページより引用

なぜ、一人の天才開発者が日本の国家組織に潰されてしまったのか。本作は、開発者の未来と権利を守るために、権力やメディアと戦った男たちの真実を基にした物語である。

【ABOUT Winny】
「Winny」とは、金子勇氏（ハンドルネームは47氏）が開発したファイル共有ソフトで、インターネット上でつながった複数のパソコンでファイルを共有するソフトである。当時はあまり利用されていなかったP2P技術を発展させ、画期的なネットワーク構造や送受信効率を高める多くの機能を備えていた不可能とされていた大容量データの送受信を可能にした。

金子氏が電子掲示板サイト「2ちゃんねる」上で「Winny」を公開すると瞬く間にユーザーは増え、ピーク時は200万以上の人が使用していたと言われている。その性能の高さから映画やゲーム、音楽などの著作物データが許可なく流通し、著作権侵害と指摘され問題となった。また、その特性を悪用した情報漏えい系ウイルスも流行。感染すると意図しないデータが流出してしまい、警察や自衛隊の内部資料、企業の顧客情報や個人所有のファイルなどがインターネット上に漏えい。インターネット上に漏えいしたファイルは、性質上、削除困難であるため、当時の安倍官房長官は会見を開き「情報漏洩を防ぐ最も確実な対策は、パソコンでWinnyを使わないことです。」と

2003年11月28日朝日新聞（朝刊38面）

第3種郵便物認可

ファイル交換で2人逮捕

著作権侵害容疑「Winny」初摘発

京都府警

インターネットを通じパソコン同士でソフトウエアをやりとりするファイル交換ソフト「Winny（ウィニー）」を悪用し、映画やゲームソフトを希望するネット利用者に自動送信できるようにしていたとして、京都府警ハイテク犯罪対策室などは27日、群馬県高崎市飯塚町、自称自営業木本勝彦容疑者(41)と、松山市の無職少年(19)を著作権法違反（公衆送信）の疑いで逮捕。容疑を裏付けるため国内のWinny製作者の自宅などを捜索した。木本容疑者と少年は容疑を認めている

という。高速で通信できるブロードバンド化が進む中、ファイル交換ソフトでの著作権侵害が問題化しているが、府警によるとWinnyをめぐる摘発は全国初。

調べでは、木本容疑者は9月25日、Winnyを使って米映画「ビューティフル・マインド」などの映画作品2本を送信できるようにし、ユニバーサル社などの著作権を侵害した疑い。少年は同月12日、ゲームソフト「スーパーマリオアドバンス」など2本を送信可能にし、任天堂などの著作権を侵害した疑い。2人は自分で購入したり、海外サイトからダウンロードしたりして延べ数百本のソフトを送信可能な状態にしていたという。

Winnyはネット上で無料配布され、数十万人が利用しているといわれる。京都府警が01年11月に摘発した別のファイル交換ソフト「WinMX」を巡る著作権法違反事件をきっかけに製作されたとされ、特定サーバーを経由せず、データが暗号化されることから、摘発は困難視されていた。府警は独自の技術を開発し、暗号解読して発信者を特定したという。

愛媛県警
流出情報は4400人分
ウィニー被害発表 供述調書など
少年の隠し撮り写真も
捜査手の内 詳細漏れる
2006年3月20日
朝日新聞（朝刊）
39面

ウィニー有罪
便利さの裏、情報流出
今も40万人が利用
「技術開発なぜ罪に」被告
2006年12月13日
朝日新聞（夕刊）

呼びかけるなど社会問題となった。

私の正直な感想は、【よくぞ、この映画を作ってくれた！】です。この映画では司法の現実を観ることができ、「この映画を観ないと損」とまで言いたいです！

主役は、２００２年、当時、東京大学大学院助手だった天才プログラマーの金子勇さん。金子さんは、インターネットで映画や音楽などの情報を直接やりとりできるファイル交換ソフト「Winny」を開発し、その試用版をネットの掲示板「２ちゃんねる」に公開しました。すると、大量の映画や音楽などが違法にアップロードされ、事件化されることも多かったのです。２００４年、金子さんは著作権法違反の幇助の容疑で京都府警に逮捕されてしまいます。その後、金子さんは弁護団と裁判で闘い、２０１１年に無罪を勝ち取ります。映画はその７年間の壮絶なストーリーを描いています。

映画の中で、ベテラン弁護士が言います。

ファイル交換ソフト「Winny」
開発の東大助手逮捕
著作権 違反幇助の疑い
京都府警

2004 年 5 月 10 日朝日夕刊

「この事件の裏が分からないと勝てない」

さらに、こうも言います。

「ナイフで人を殺したとして、誰が逮捕される。殺した人だよな。ナイフをつくった人が逮捕されるか?」

しかし、それが逮捕されたのです。そこで、描かれているのが、愛媛警察裏金問題の告発の話です。裏金を告発した現役警察官、仙波敏郎さんがモデルです。

Winny は情報漏洩系ウイルスに感染しやすく、個人や企業、官公庁の情報などが次々とインターネット上に流出し、警察でも捜査情報が漏洩するトラブルが相次ぎました。愛媛県警の裏金の証拠がWinnyをつかった人の影響で公開されたのです。

AERA dot. com の【俳優・吉岡秀隆のリアル過ぎる演技に警察幹部が「困った映画だ」 警察裏金問題を告発した元巡査部長とは】と題する記事（2023/03/28 11:09）には、こうあります。

2005年(平成17年)1月21日 金曜日 朝日

現職警官が不正経理告発
「偽領収書 指示された」
愛媛県警

愛媛県警鉄道警察隊の仙波敏郎巡査部長(55)は20日、松山市内で記者会見し、「長年にわたって幹部から偽領収書を作るよう指示された」と県警の不正経理を内部告発した。同県警では、昨年5月末に捜査費をめぐる不正経理が発覚し、県監査事務局が特別監査に入っている。現職警察官が会見して告発したのは全国で初めて。

仙波さん自身は「偽領収書作りは拒否し続けた」とし、告発理由を「県警幹部から『お前が会見したら県警は1年間立ち直れなくなる』と言われたが、この問題にふたをしたら永久に立ち上がれなくなる」と語った。

仙波さんは73年に三島署に赴任した際、当時の会計課長から、電話帳から抽出した3人分の氏名と住所が書かれたメモを渡され、白地の領収書に記入するよう指示されたが拒否したという。

12部署に勤務したが、10年前まではほぼ毎年、指示を受けた。捜査費を使わない部署の警察官らも偽の領収書を書かされたという。仙波さんは「同じ筆跡が多いと監査で疑われるので、1人が書く領収書の枚数は制限されていた」と話した。

領収書に記入してある金額は3千～5千円が多く、「3千円程度で情報を売る協力者がいるとは聞いたことがない。経験から言うと裏金作りのシステムだ」と指摘。鉄警隊では、列車に乗った勤務に支払われる旅費から裏金を作るよう指示されていたという。

また、仙波さんは「裏金は、署の規模によるが、刑事課長に毎月5万～20万円が渡されていた。ある署長にはタクシー代として10万円が流用されていた」と話した。

2005年1月21日朝日新聞（朝刊）35面

仙波さんがこう説明する。

「裏金づくりの手口は、白紙の領収書に、捜査協力をしてもらったとして一般市民の架空の名前や金額、日付などを書かせます。私はニセ領収書を書きませんでしたから、当然のことながら実物を持っていなかった。そこで『仙波の（告発の）話は本当なのか？』となった。しかしその後、愛媛県警の刑事がWinnyに接続した結果、パソコンのデータが流出したんです。その中にニセ領収書が含まれていたので愛媛県警が言い訳できなくなった」

映画の中で、愛媛県警のパソコンから、

「ファイル共有ソフト Winny」によって大量の捜査資料がネットに流出したことが描かれています。

著作権法違反幇助であれば、民事で原告は著作権を侵害された人間であるのが一般的ではないでしょうか？　それが、刑事事件で、つまり、原告が警察になっているという変な事件なのです。結果的に、金子さんは最高裁で無罪になりますが、研究者としては、抹殺され、さらに、無罪確定後、金子さんは２０１３年に42歳で死去しています。

資料流出

愛媛県警でも？

ネット上に　指摘で調査

愛媛県警監察官室は7日、県警の捜査資料がネット上に流出した疑いがあると発表した。資料の特定など、情報の真偽を調査している。同室によると、5日、外部から「捜査資料がネットに流出しているのではないか」と指摘が寄せられた。捜査員の端末からファイル交換ソフト「ウィニー」を通じてネット上に流出した可能性があるという。

捜査1課やハイテク犯罪対策室などは6日から調査を始め、流出したファイルを探している。流出した可能性のあるファイルは複数見つかっているが、特定には至っていないという。

県警では1400台の端末を使用している。内規では、端末は原則許可制で、捜査資料などの記録は原則、外部保存することになっており、パソコンのハードディスクに保存する際は暗号化することが義務づけられている。捜査情報を取り扱うパソコンは、インターネットへの接続そのものが禁止されている。

2006年3月7日朝日新聞（夕刊）14面

こんなことが許されているのが日本の現実です。こういうことが今も起きているのです。そもそも私的パソコンでわいせつ画像をコピーして流出したこともわかっています。悪いのは、誰なのでしょうか？

逮捕権を持つ司法は、冤罪をつくり、お金と時間と社会的地位を奪い、社会的に抹殺するのです。

警察の裏金の証拠がどんどん出てきてバレるから、金子氏を悪者にしたと私は思っています。

２０１６年４月１日に設立された一般財団法人イノセンス・プロジェクト・ジャパン（理事長 石塚章夫）は、刑事事件の「えん罪」の被害者を支援し救済すること、そして、えん罪事件の再検証を通じて公正・公平な司法を実現することを目指している組織です。

イノセンス・プロジェクト・ジャパンのホームページ内に、２０２３年３月31日付で「**【**コラム**】**映画『Winny』に登場する警察裏金問題を告発した仙波敏郎さんにインタビューしました！」が公開されました。

掲載記事のTOP画面

この記事の内容の質疑応答を抜粋して紹介します。

質問１：告発された裏金問題は冤罪と関係があるのでしょうか？

仙波さん：警察は、縦割り組織であることや何をしても許されていたこと、給料等の待遇が良くないことといった、体質的・組織的な問題から、裏金を作るようになりました。そのため、組織全体で不正に対する意識が緩んでいたと思います。もっとも、裏金は捜査協力費などの名目で作るので、基本的には犯人を検挙しなければ裏金を作ることができません。このような「正義の追及」というよりも「犯人の検挙」を目標として捉える意識が冤罪につながっていたと思います。（中略）一旦裏金を作って捜査協力費を多く支出している以上、犯人を間違えていたとは到底言えなくなってしまうという問題もあると思います。

質問5：裏金問題や冤罪を防ぐにはどうすればよいのでしょうか。

仙波さん：この問題に正解はないと思っております。私自身、「裏金作りに加担しなければトップになれないなら、トップにならなくていい」と決断して告発・退職したので、制度面の改革等に貢献することができなかったという後悔もあります。まず、警察の待遇改善は必要不可欠です。警察も人間ですから、全員に生活があります。しかし、給料は低く、上司に評価されなければ転勤で不利に扱われます。生活が最低限保障されていなければ、正義を追求することは難しいのかもしれません。昇任試験の不正も防止して、適切な捜査指揮のできる人間を管理職に登用する仕組みも整えなければなりません。このように、待遇や人事面を改善して、警察官がちゃんと正義を追求できるようになり、正義感のある良い人を採用できるようにしなければなりません。また、取調べの可視化は捜査実務に大きな影響を及ぼしたと思います。録音録画されている場面では違法なことができませんから、可視化の範囲を全ての取調べ・事情聴取に拡大すべきだと思います。同じように、職務質問をするにあたってボディカメラを着用することも良いアイディアだと思います。このような捜査活動の記録化は、警察にとっても自身を守ってくれる制度になるはずです。

この記事は、こう結んでいます。

仙波さんは、警察の組織的・体質的な問題を批判しながらも、本当に正義を追求できる組織になってほしいという想いから発言しているように見えました。仙波さんのように正義感のある警察官が増えて、不正行為や冤罪が１件でも減るといいなと思います。

この映画の中で、２００２年『北の国から』の名子役だった吉岡秀隆さんが仙波敏郎役を演じています。

セリフの中で、こう言います。

「人一倍強い正義感を持って警察官になったはずの若者たちが、今日もどこかで裏金作りに加担させられ、警察官としての良心を蝕まれています。私はその現実を前に、これ以上黙っとるわけにはいきませんでした。現場で一生懸命やっとる若い、若い捜査員やとか、寒い中、昼夜を問わず頑張っとる、そういう現場の若い警察官はたくさんおられるんです。

もう一度言います。現場の警官は本当に素晴らしい警察官です。これから志を持って県警に入ってくる人たちのためにも、膿は全部だし切って再出発するべきやと思うんです」

警察の腐敗をこうして堂々と映画化したことに、関係者の覚悟を感じます。

警察は、警察の「裏金」作りを結果的に暴くことになったWinnyを作った「金子さん悪し」で逮捕しましたが、最後は無罪が確定しました。金子さんは、東大大学院を解雇され、世界に先駆けたネット技術の開発を中止せざるを得なくなり、無罪確定は7年後。その間に、世界の技術は進み日本は置き去りにされてしまいました。結果的に、金子さんは無罪になりましたが、研究者としては抹殺され、無罪確定後、金子さんは2013年に突然42歳の若さで死去してしまいます。

ウィニー開発者 逆転無罪

「著作権侵害勧めず」

大阪高裁判決

2009年10月8日
朝日新聞（夕刊）1面

警察の「裏金」は、若い警察官

の「正義」だけでなく、世界的な能力までも破壊しています。こんなことが許されているのが日本の現実です。

そして、こういうことが今も起きています。

金子氏の死だって、私は疑いを持っています。

2、鈴木宗男氏による警察組織における裏金問題に関する再質問主意書

実は、国会議員の鈴木宗男氏は、平成二十年六月十三日、「警察組織における裏金問題に関する再質問主意書」（質問第五二九号）を出しています。

これも紹介します。

警察組織における裏金問題に関する再質問主意書
愛媛県警の仙波敏郎巡査部長が自らの実名を明らかにした上で、警察組織において偽領収書作成等の手法により裏金づくりが行われていることを訴えていることに関し、これまでの答弁書で警察庁は、愛媛県警察に対して平成十八年度の会計監査を実施した結果、捜査費の執行の一部に執行手続上の問題等は認められたものの、平成十七年一月二十日に仙波氏が記者会見で述べた事実を含め、捜査費が私的に費消された事実または組織ぐるみで不適正に使用された事実は認められなかったとする同県警察の調査結果と異なる事実は確認されなかったとの答弁をしている。その一方で、ファイル交換ソフト「ウィニー」によ

り流出した捜査情報の中に愛媛県警による捜査費に絡む裏金づくりを証明する資料が発見されたことを受け、現在愛媛県内の市民や弁護士が愛媛県に対して起こした流出資料から判明した捜査費の返還を求める訴訟（以下、「訴訟」という。）につき、本年五月十三日の松山地裁における裁判に証人として出廷した愛媛県警捜査一課の是澤和洋警部が、「捜査報告書には、協力者保護のため仮名や、事件に登場する実在の人物の名前を書いていた」「当時の上司に指導を受けた。容認されていた。勧められた。」との証言（以下、「証言」という。）を行ったと週刊朝日五月三十日号が報じている。右に関し、「前回答弁書」（内閣衆質一六九第四一六号）で警察庁は「御指摘の訴訟が現在係属中であることから、警察庁として、同訴訟における証言の内容についての見解を述べることは差し控えたい。」と、「証言」については何もコメントできない旨の答弁をしている。しかし、当方は「訴訟」そのものについて問うているのではない。当方が明らかにしたいと考えているのは、あくまでも仙波氏が実名で訴えている警察組織における裏金づくりの問題である。また、是澤氏は被告の立場にあるのではなく、証人として出廷しているのであり、「訴訟」の当事者ではない。よって、「証言」について警察庁が一切のコメントを避けることができる合理的理由は何もなく、「前回答弁書」における警察庁の態度は極めて不誠実であると言わざるを得ない。

右を踏まえ、再質問する。

一　裁判に証人として出廷した人物が、法廷において虚偽の内容の証言を行った場合、偽証罪に問われると承知するが、その際にどの様な罰を受けるのか説明されたい。

二　偽証罪の適用を免除される者はいるか。偽証罪は、現職の警察庁職員にも適用されるか。
三　是澤氏にも偽証罪は適用されるか。
四　三で、是澤氏にも偽証罪が適用されるのなら、「証言」に虚偽の内容が含まれていた場合、是澤氏は一の罰を受けるものと理解して良いか。確認を求める。
五　「証言」に虚偽の内容があり、是澤氏が偽証罪という形で法を犯した場合、警察庁として是澤氏にどの様な処分を下すか。
六　「証言」の中で是澤氏は「捜査報告書には、協力者保護のため仮名や、事件に登場する実在の人物の名前を書いていた」「当時の上司に指導を受けた。容認されていた。勧められた。」と述べているが、警察庁において右の様なことが行われていたという事実はあるのか。
七　六で、ないのなら、やはり是澤氏がウソを言っているということか。
八「証言」を受けてから、警察庁において「証言」にある事実関係について何らかの調査が行われたか。
　右質問する。

これに対する回答（平成二十年六月二十四日受領答弁）は以下のとおりです。

衆議院議員鈴木宗男君提出警察組織における裏金問題に関する再質問に対する答弁書

一及び二について

刑法（明治四十年法律第四十五号）第百六十九条は、「法律により宣誓した証人が虚偽の陳述をしたときは、三月以上十年以下の懲役に処する。」と、同法第百七十条は、「前条の罪を犯した者が、その証言をした事件について、その裁判が確定する前又は懲戒処分が行われる前に自白したときは、その刑を減軽し、又は免除することができる。」とそれぞれ規定しており、特定の職業の証人について、これらの規定が適用されないことを定めた規定はない。

三及び四について

具体的な事例における犯罪の成否については、捜査機関が収集した証拠に基づいて個々に判断すべき事柄であるので、答弁は差し控えたい。

五について

御指摘の是澤和洋警部は、地方公務員である愛媛県警察の職員であることから、警察庁としては、同人に対し、懲戒処分等を行う立場にはない。

六及び七について

御指摘の訴訟が現在係属中であることから、警察庁として、お尋ねにお答えすることは差し控えたい。

八について

警察庁においては、御指摘の訴訟における証言の後に、その事実関係についての調査を行った事実はない。

お読みいただければわかっただろうが、まともに回答をしていない。国会議員も鈴木宗男氏のように、追及しようとする人もいるのだが、他の議員や、メディアが追随しないので、大きな流れにはならない。

3、警察の裏金とは？

皆さん、警察が法を守っていると思っていますか？

物事には例外というものがあります。日本の警察も、内輪での行動については法令を平気で逸脱し、とりわけ身内の不祥事をもみ消すことに関しては、どんな組織も勝てないのです。

「俺が偽造領収書をつくれば仕事。一般の人がやれば犯罪だ」などと言った人もいたそうです。警察は犯罪を捜査する組織のはずですが、その警察が組織ぐるみで犯罪をしているのです。しかも、警察犯罪を捜査すべき検察庁、経理をチェックすべき会計検査院、世に伝えるべきマスコミまでもが警察を恐れて見て見ぬふりし、真実を追求しないのです。

そんな深刻な事態が、いま私たちの目の前で行われているのです。マスコミも特定の地方紙など、ごく一部を除いて腰を入れた追求をしたりしません。

本書で、追求する警察の不祥事は、裏金問題についてです。

裏金づくりは、警視庁をふくめ全国で組織的におこなわれており、大きく分けて二つの方法があります。

一つは、現金で管理されている金を使った機密費的な裏金。

もう一つは、業者を巻き込んだ架空契約や水増しによる裏金づくりです。

特に大きな問題になっている捜査用報償費は都道府県から、捜査費は国から支出されるものです。捜査用報償費・捜査費ともに資金前渡しとして現金で渡されます。裏金となる流れは同じで区別はされません。

裏金は、当然ながら税金等を違法な手段で警察幹部達が私的に流用するもので、代表的なものとして、捜査協力費（県費は捜査報償費、国費は捜査費という）、出張旅費、物品購入費、食料費、要人警備等警護・警衛（皇室警備）費等々警察のあらゆる活動において、不正請求・水増し・ピンハネ等見事な詐取のオンパレードで得た「お金」です。言わば警察活動すべてから、不正に捻出するのが「裏金」です。

世の中には「現実的には、裏金が必要悪だ！」と思っている人もいるかもしれません。備品の購入や職場の親睦に使って、組織を円滑に機能させるためのもので、個人が私的に使うことはないだろう、という認識の人が大半かもしれません。

しかし、その実態は、警察の裏金は、「幹部・管理職が私腹を肥やすための金」なのです。

それはどのように作られるでしょうか？

捜査費は毎月支給されます。警視庁の場合、封筒に入った現金が警視庁の各部を通じて各署の各課へ、都道府県の場合は警察本部を通じて、各警察署へと渡されます。

警視庁では、署内各課に渡される金は、毎月五万円から十万円。これから、会計担当者が「幹部研修費」として一部を抜取り、個人あての封筒にいれます。署長三万円、副署長二万円、課長一万円と…。これは幹部がどう使ってもいいヤミ手当てです。誰にどう配分するかは各署の秘密文書である「幹部研修費一覧表」に記されています。

「幹部研修費」を引いた残りの捜査費もまた全額が裏金になります。

課長は捜査費として渡された金を自分で管理し、帳簿担当者に交付書だけを渡します。帳簿担当者は、交付書に見合う額を「使った」という「証拠」を何としてでも作るのです。担当者は、飲み食いの領収書を集め、電話帳などを使って架空の情報提供者をさがし、偽造領収書をつくるため、領収書の筆跡を変え、印鑑もたくさん用意します。朱肉も色合いが異なるようにいくつかのメーカーのものを使いわけます。帳簿担当者は、そういう細やかな神経を使います。

裏金を実際にどう使うかは、課長の裁量にかかっています。課員や自分の飲み食いに使ってもいいのです。しかし、捜査費が捜査費として使われることはほとんどありません。もし、どうしても使う必要があれば逆に裏金から出します。

なぜこうした不正が可能なのかといえば、不正を捜査するのは警察で、警察を捜査するところがないからです。

こうした不正は、公文書偽造・同行使、業務上横領など、他の組織がやれば犯罪です。でも、やめようといえば、警察内で村八分にされてしまいます。架空領収書は多くの捜査員が関わっていて、望んでいようがいまいがに関わらず裏金づくりのシステムに組み込まれているのです。

裏金問題は、全国の各都道府県の警察本部・警察署でもあるのです。裏金づくりのシステムは全国まったく同じなのです。

4、警察組織と警察庁の裏金

では警察組織の頂点である警察庁はどうなのでしょうか？

警察は、上意下達の組織です。警察組織の頂点に立つ警察庁は裏金づくりを承知しているどころか、各県警から裏金をキックバックさせるシステムさえあるのです。

そのシステムがどういうものかというと、貯めた裏金の一部を、各部それぞれ自分たちを統括する警察庁の部署に上納するという「関係」があったというわけです。

都道府県の警察が勝手に裏金をつくっているのではなく、検察への対応を含め、警察庁を頂点に警察組織全体で、裏金づくりのシステムがつくられているのが実態です。警察の隠れた常識では署長の転勤時には、その餞別が一千万円以上になることもあり、「署長が二、三回転勤すると家が建つ」と言われています。

実は、警察の裏金づくりは、かなり前から指摘されていました。古くは、１９６０年夏に、日本共産党国会議員団に届けられた、いくつかのトランクに島根県警の内部文書がぎっしりとつまっていたことがあります。そこには警部公安警察の裏金づくりの実態がしるされていました。内部告発が全国であったのです。

5、北海道警察の裏金

2004 年 2 月 13 日
北海道新聞（朝刊）36 面

道警不正経理を実名告白
元釧本本部長の原田さん
問題点は幹部自ら認識
延長線上に「稲葉事件」
道警へ抗議95件
知事「告白者出てほしい」

警察の腐敗の実態に世間の注目が集まるようになったのは、北海道警の裏金をめぐる動きでした。

まず初めに、「稲葉事件」です。２００２年7月、道警の生活安全特別捜査隊隊長だった稲葉圭昭警部（当時）が、覚せい剤の使用及び密売、ならびに銃器所持の容疑で逮捕されたのを皮切りに、道警の組織ぐるみともいえる様々な不祥事が明るみに出た事件です。

その内容はあまりに多岐にわたるのでここでは詳述することなく、稲葉氏本人の手記『恥さらし 北海道警 悪徳刑事の告白』（講談社）に詳しく描かれています。映画化もされているので、そちらも併せておすすめしたい。

2004年3月5日北海道新聞（朝刊）1面

「報償費 正規決裁なし」

原田元道警釧本本部長が証言

警察庁でも裏金

道議会

上層部も承知／ゴルフ代に流用／裏付けデータある

証言の骨子

静岡県警

裏金1千万円 県に近く返還

さて、ここで言及しておきたいのは、稲葉氏と北海道警を告発しようとした捜査協力者の男性・Wの怪死についてです。

２００２年7月5日、Wが自ら覚せい剤を持ち、札幌北署に出頭し逮捕されたことで一連の事件は幕を開けます。自分から逮捕されたにもかかわらず、警察官の取調べに対して黙秘を通していたWは、警察で話せば握り潰されるか、あるいは証拠隠滅が行われるものと警戒していたのは明らかでした。

Wの初公判は９月11日と決まり、そこで道警を揺るがす証言が飛び出すのは明らかなのです。しかし８月29日早朝、Wは札幌拘置所の独房で死んでいるのが発見されました。靴下の片方を口の中に詰め、もう片方を歯ブラシの柄で首に巻き込んだ状態で、布団の中で意識を失っていたというのです。死因は窒息死で遺書はなく、自殺と結論づけられたが、これに釈然としない向きが少なくないのは、いうまでもありません。

稲葉氏が警察官でありながら覚せい剤の密売に手を染めたのは、拳銃押収の実績を上げるためだったのです。「S（エス＝スパイの頭文字）」と呼ばれる捜査協力者を運用するのに多額の費用

2004年３月５日北海道新聞（朝刊）３面

不正経理の実態続々
原田氏、道議会で証言
出納帳に挟まれ支給
参考人旅費を流用
キャリア組も認識
「下意上達」できぬ
「百条委」要求へ
証言を聞いて
まだ続きある印象
警察は全国調査を

がかかるのに、上司からはほとんど支給されない事情がありました。これは道警のみならず、日本全国どこの警察にも共通していることなのです。しかし、警察には金がないわけではないです。多くの警察署で捜査協力者に謝礼を払ったかのように領収書を偽造し、その費用を本部に請求して支給された裏金を貯めていたのです。

元北海道釧路方面本部長の原田宏二氏が２００４年2月10日の記者会見で配布した文書の中で裏金が存在し、しかも組織的に行われていたと言っていました。その会見のなかで、裏金がどのようにして作られたか・裏金が何に使われていたのか・署長の交際費などについて・問題になっている書類について・監査対策について・領収書に偽名を使うことについて・いつから始まったのか、について一つ一つ会見で話していた。

ここで、原田さんの資料を引用し、他の都府県の事例と合わせてどのようなことになっているのかを見ていきましょう。(『裏金　警察の犯罪』(しんぶん赤旗取材班　新日本出版社)より)

◆【裏金がどのようにして作られたか】

まず初めに、裏金はどのようにして作られていたかについてです。

対象は、国費の旅費、捜査費、道費の報償費、旅費のほか日額旅費、参考人旅費、など

に及んでいました。これらの予算は、四半期（道費は上期、下期？）に一度本部会計課から書面で内示されます。本部各課、警察署など各所属ではその金額（毎年ほぼ同じ）の範囲内で会計課（係）（本部では、経理主幹や庶務係）が毎月これを消化します。その際、領収書などの支出に必要な書類が作られます。その金額に応じた小切手が本部から送られ、会計課が銀行で現金化します。（このあたりの手続は正確ではないかもしれません）これが、裏金として副署長（本部では、管理官、次席など）に渡されます。副署長は、この現金を小型金庫に入れ、裏帳簿で管理します。あるとき、どうしても捜査員を大勢遠方に出張させる必要がある事件捜査で、金庫に現金がなく私の個人口座から預金を引き出し、捜査員に持たせたことがあります。あとから、裏金の中から返済してはもらいましたが。なお、消化された裏金は全額が副署長の金庫に入るのではなく、その一部は本部へバックされると聞いていましたが、その割合などは知りません。この間、署長（課長など）は一切決裁をすることはありませんでした。裏金つくりは、いわばヤミの仕事で正規の手順はとらないのです。必要な会計上の書類は全て経理担当者が密かに下書きを作成し、署員（課員）に記入を依頼していたようです。なお、当時、警察署の各課（係）には、会計処理に必要な用紙は保管されてはいなかったと記憶をしています。必要がないからです。

作られた裏金は、副署長（次席、管理官など）が管理し、署長は月一回裏帳簿に決裁をしてました。先ほど、本部に還流する裏金の存在について説明しましたが補足しておきます。これらの詳細は、副署長、経理担当者と本部会計課のみが承知していたようです。私は、聞いたこともないのです。これに触れるのはタブーであったように思います。一部の新聞に総務課長が裏金の金庫番で各部に上納を指示していたとの記事がありましたが、私の総務課長時代にはそうしたことをしたことはありません。また、私が在籍した防犯部には部長経費がありました。おそらく、他の部でも同じではなかったかと思いますが 私は課（隊）長として在籍していただけですから、あえて私の口からは申し上げません。また、いわゆるキャリアの方にも接する立場にもありましたが、どのように関与されたかについては、それなりの立場でのご判断があるでしょうから、私の口からは申し上げません。防犯部では部の管理官が裏金を管理し、事務は経理主幹が担当していました。部長経費は部内の各課が拠出していました。その使途は、次にお話するものとほぼ同じです。

報償費は、主として捜査活動を行う所属に配分されますが、警ら部門、交通部門などのパトロール活動をする警察官には日額旅費が支給されますが、その一部を所属の運営費（裏金）にするためピンハネしていたようです。この問題は、釧路時代にある幹部から知らされ、是正しようとしましたが釧路方面だけが全額支給するのは適当でないとの理由でできませんでした。

なお、警視庁の裏金の作り方は前掲書9～17頁に書いてあります。

ところで、読者の皆さんは捜査費用と捜査費の違いを知っているでしょうか？

・捜査費用：犯罪捜査にかかる全ての費用
・捜　査　費：捜査協力者に謝礼として支払う協力費の内、国費のことで都道府県費で支払うのは捜査報償費

「裏金」にした莫大な金額を捜査協力費と記せば、時々実施される会計監査時に不審がられることを避けることができます。

毎年50万件を超える犯罪が発生していますが、強盗等凶悪事件が発生すると、「捜査本部」を立ち上げます。原則的には、発生地の管轄署に置きますが、当然県警本部からも応援が入ります。

その捜査費用ですが、各警察署には発生を見越して予算措置を事前に取ることは当然不可能です。「捜査本部」を立ち上げた時に、都道府県警本部会計課から捜査本部のある署の会計課に捜査費用が振込まれます。すると、会計課長は、全額現金で引き下ろし直ちに約半分を警察本部刑事部にキックバックし、更に残った約半分から、「それなりの現金」が署長に「裏金」として渡され、もちろん、捜査本部員となった幹部（警部以上）にも分配されます。要は、捜査費用の全額が捜査に使われないのです。その結果、捜査員は自腹でガソリン代を払い、その他諸々の経費も自己負担することになり、残業手当（超過勤務手当）もほとんど支給されず、サービス残業は当たり前です。

捜査が長引けば、それだけ自己負担が増えます。そのため、捜査員のやる気が失せて、

どこかで油を売る者もいると話す人もいます。

◆【裏金は何に使われたのか】

次に、裏金は何に使われたのかについてです。

署長交際費、異動の際の餞別、部内などの懇親会費、冠婚葬祭費、タクシーチケットの支払い等が主たるもので、本部では、上級官庁や他官庁の接待費や議会対策にも使われていました。防犯部長時代に自ら歳末警戒視察の謝礼の意味で道議会議員を接待した経験がありますが、その費用はどこから支出されていたのでしょうか。その費用が正規の予算によるものであれば記録に残っていると思います。そのほか、警察署では各課（係）には運営費が渡され、緊急事件捜査の際の夜食代や少額の捜査費用に当てられていたようです。特別に、捜査などで必要となる費用（旅費、報償費など）については、課長などの幹部からの申し出により副署長が裏金の中から現金で渡していました。なお、署員の出張の際に作成されるべき旅行命令簿に私が決裁した記憶もありません。

愛知県警の裏金の使い方のなかには、「懇談会」と称する警察内部の飲み食いと警察庁や他県警からきた警察幹部の接待費の他に、マージャンにまで裏金を使っていたのです。（前掲書16頁）

◆【署長などの交際費について】

次に署長の交際費についてです。

決して、私の行為を正当化するつもりで申し上げるのではありませんが、署長などには交際費が必要でした。一般の警察行政的な情報な情報は、部内だけではなく部内部外の非公式ルートの情報がいります。他官庁、民間の会社の方とのお付き合いもありましたし、ＯＢの方とのお付き合いや警察に協力していただいている方やマスコミの方とのお付き合いもありました。転勤を重ねるとこうしたお付き合いも増えていきます。年賀状だけでも一〇〇〇枚以上になりました。当時、予算の上では確か署長の交際費はなかったと思います。あったとしてもごくわずかでしょう。正規の交際費を受け取った記憶がないからです。組織としては、裏金から支出することに暗黙の了解をしていたことになります。正確な金額は、覚えていませんが、旭川中央のときには、毎月五万円前後くらいではなかったかと思います。本部長や部長のときには七万〜八万円くらいでなかったかと記憶しています。

参考までに警察署の「裏金」の実態についてであるが、小規模警察署（１００人以下）でも年間数百万円程度、殆どを署長が懐に入れ、各課長には毎月5〜10万円程度を支給し、支給額は、署長の裁量であるとのことです。

中規模警察署(100~200人)では、年に1000万円を超え、大規模警察署(200人以上)で署長を1年やれば「家が建つ」と言われている理由です。

◆【問題になっている書類について】

次は問題になっている「報償費証拠書（一九九五年五月）」と「現金出納簿（一九九七年九月)」の書類についてです。

こうした書類は、監査の際にしか見ることはありませんでしたが、様式は同じだと思います。領収書もそうです。着任したとき、同じ印鑑が二本作られ一本は自分のデスクに置き日常の決済用に一本は副署長か経理担当者が保管していたようです。領収書の印鑑は経理担当者がたくさん保管しているものなどを使っていたようです。各所属の担当者間でお互いに交換し合っていると聞いた事があります。名前は、実在の人物は電話帳か何かを、実在しない架空だと思いますが、架空の名前を考えるのは大変で、時として同じになってしまうとこぼしていたのを聞いたことがあります。

皆さんは、問題の書類は見たのでしょうか。私は、さっと目を通しただけですが、事件名を見るとこんな事件にどんな協力があったのかとすぐには想像ができませんでした。一つ一つを詳細に検討して使用者などに説明を受けるとすぐに真偽がわかります。

「捜査上の秘密」が問題となっていますが、捜査の秘密を守られなければならないことや関係者の名誉が害されないようにしなければならないのは、法令上からも当然です。私の経験では、どうしても名前を伏せなければならないときは、捜査報告書にその旨を明確にしていました。偽名を使うことはありません。そんなことをすれば、捜査自体の信用性が疑われることになります。また、実際に、協力者の存在が外部に漏れ、その方に危害が及びあるいは及ぶ恐れが生じたという経験はありません。仮にそうした問題が生ずるとすれば、むしろ多くの捜査員が関与する捜査の段階での可能性が考えられますが、非公開の会計書類からそれが外部に漏れることは考えにくいと思います。

弟子屈署の裏帳簿入手
96―2000年度分 報償費・捜査費
幹部ヤミ手当記載
署長に1回4―6万円
元署長「見たことない」

2004年2月26日 北海道新聞（朝刊）33面

これの証拠を出した人がいます。2004年(平成16年)2月10日、北海道警で元釧路方面本部長の原田宏二警視長、同年3月1日に原田さんの後を追って元弟子屈署次長の斉藤邦雄警部が実名・顔出し記者会見して警察の「裏金」を証拠をもって告発したのです。

斉藤さんは、かつての尊敬する

上司である原田さんが「裏金」の証拠を持たないで告発したことをフォローするために、「裏金」を裏付ける証拠となるデータを記録しているフロッピーを持ち、且つ自分の再就職先に迷惑がかからぬよう退職し、記者会見に臨んだのです。

◆【監査対策について】

次は、監査対策についてです。

記憶では二回捜査を受けたことがあります。一回は、昭和五九年ころだと思うのですが生活課長のときに会計捜査院の、二回目は旭川中央か西署のときだと思いますが、道監査を受けた記憶があります。いずれも何の指摘も受けませんでした。監査の対象は、先ほどの書類のほか監査用の出勤簿(二重帳簿)、旅行命令簿などで、捜査書類などは対象ではなかったし、最初から署員などの面接調査はしないということになっていました。道の監査は、形式的で、署長は監査委員に所に関する概況説明をするだけで自分で準備らしいことをした記憶がありません。国の監査は大変で、書類の付け合せ、会計の証拠書類に見合った~言葉は悪いですが~架空の事件をデッチアゲ、そのメモ書きの作成などに数ヶ月かかりました。その間、警察庁や本部会計課の予備検査が行われましたが、普段は見たこともない書類の名称を覚えたり、正規の決裁の手順を知るため何回も予行演習までしました記憶があります。

全国の県警も同じような手口が使われています。

2004年3月5日
北海道新聞（夕刊）1面

2004年（平成16年）3月5日（金曜日）
静岡県警「裏金」認める
カラ出張など1000万円
510万円分返還

2004年6月4日
北海道新聞（朝刊）34面

警察
文書廃棄 全国にまん延
裏金疑惑追及に追い風
元署長らに返還要請
斎藤氏「解明後に」と断る

2004年3月8日
北海道新聞（朝刊）35面

福岡県警
印鑑多数使い回し
元警官が資料公開
架空領収書で裏金

◆【領収書に偽名を使うことについて】

次は、領収書に偽名を使うことについてです。

私は聞いたことはありません。そうしたケースでは、書類に「領収書の提出を拒否した」と記入されていたと思います。仮に、偽名を使う旨を口頭で報告させるとすると書類上何も残らず、あとの署長が監査を受ける際に説明ができないのではないですか？ 署長が交代後にも監査がありますので明らかにして置かないと説明できないのではないですか？ 私の体験では、報償費を正規に支出したことは一度もないのでそのような報告は受けたこともないのです。実際、そうした書類はなかったと記憶しています。

新聞記事を読むと、当然のように仕様されていたことが推測できます。

「裏金」をつくるときに不可欠なのが、「ニセ領収書」です。「ニセ領収書」は、すべての警察官・職員に書かせているのが、映画『Winny』でも描かれています。当然ながら、「ニセ領収書」作成は、私・公文書偽造であり、それにより税金を詐取することで詐欺・業務上横領・背任・脱税等の犯罪です。

「警察は法を守り、法を犯す者を取り締まることが責務である」はずなのですが…。縦社会の警察では、違法なことであっても、上司から命令されて拒否することは、「組織の敵」と評価され、組織における自分の立場が窮地に追い込まれるのです。

◆【いつから始まったのか】

次は、原田宏二氏が知る中で、いつ始まったのかについてです。

こうした問題を耳にしたのは、昭和三三年ころの札幌中央署です。出勤簿にまるで囲んだ「出」という印が押してあるので先輩に聞くと「あれは空出張」だと教えてもらったのが最初です。かなりおおっぴらにやられていたのです。その後、数多くの転勤をしましたがすべての所属で同じことが行われていたのは紛れもない事実です。時には、ニセ領収書などを命じられるままに作り、茶封筒入りの現金を受け取っていました。～当時「茶封筒」～と呼んでいました。餞別ももらいました。そして、階級が上がるに従って受け取る額も増えていったのです。

こうした仕組みは、私が道警に入る前から続いていたものと思われ、その始まりの事は知る由もありません。在職中のことを考えると、昔は、警察に協力するのは当然という考えが支配的であり、警察にも当時は情報を買うという発想は警備公安警察以外にも乏しい、優秀な捜査員は、畑と称する自腹の協力者を持っていました。しかし、時代の変化と捜査対象の変化が進むにつれてそうしたことでは次第に情報が取れなくなってきました。しかし、すでにこうした費用が別の目的に使用されるシステムができあがり、現場にまでは報償費が充分下りていかないことになりました。その上、協力者を組織的に管理するシステムが確立されず、これを使う能力のある捜査員も育てていかなかったのではないでしょうか。私は、稲葉元警部の問題は、単なる個人の過ちだけではなく、こうした点にも要因があったと考えています。かつての優秀な現場の部下達が、命を絶ち、病に倒れ、職を失い、重い処分を受けました。

警察署員は、日常の仕事に追われ協力者を作る余裕などはなかったのが実情でしたし、正当な報償費などは受け取っていないはずです。事件、事故があれば、十分な超過勤務手当てもないのに文句も言わずに働いてくれました。

新聞によると最近は報償費が執行されずに余っているようですが、（仮に現在、これが適正に使われているとすればですが？）これを裏付けているように思うのですがどうでしょうか。逆に、八～九割を執行しているとすれば、首を傾げたくなりますがどうでしょうか。

『裏金 警察の犯罪』によると、警備公安警察の裏金づくりの「島根県警文書」と呼ばれる内部文書が１９６０年の夏の終わりころにありました。

このことからわかるように警察は、日本の安全と秩序の維持を責務とする行政機関であるはずなのに、裏金などの国民の税金を使い長い間、国民の目を騙し、警察内部の不祥事を捜査されることがないことを良いことに、今でも犯罪を続けているのです。その警察の犯罪を伝えるべきマスコミなどの報道機関は、警察などの権力を恐れ真実を追求せず、権力に迎合し続けているのです。

6、都府県の他の裏金問題

『日本警察と裏金 底なしの腐敗』のなかで、２００４年、愛媛県警大洲署で裏金の話が出て、県警内部の調査では、九月十七日に捜査費を調査した結果が公表され、約百件、三十万円の不正支出があったとの報告がありました。

兵庫県警では、２００４年６月に神戸新聞が「捜査書類捏造」の報道をしました。捜査書類の捏造、ありもしない事件を警察内部でデッチ上げるということは、北海道警や愛知県警であった監査対策の一環で裏金問題につながるかも知れません。

2004年6月30日
北海道新聞（夕刊）19面

兵庫県警
捜査書類200件偽造
過去2年
摘発実績水増し

京都府警
捜査旅費、不正流用か
通帳やカードを一括管理

京都府警も２００４年６月30日の他軌道新聞夕刊で、「京都府警 捜査旅費 裏金流用か」「個人通帳を一括管理」が報じられました。

私は、国会図書館にいき、2002年から大手新聞社の記事をチェックしました。紙面の都合でここでは紹介しませんが、相当数の全国県警の不正の記事がありました。どの新聞記事にもあったのが、「捜査情報の流出があった」ことです。そして、私が調べた範囲で「裏金の領収書や帳簿の流出があった」ことは、記事には見つかりませんでした。

7、重大事件の裏金

私は、現在、生田暉雄弁護士の元で、「和歌山カレー事件」の再審請求を支援しています。この裏金問題という視点でも、「和歌山カレー事件」を見るようになっています。

「この事件で和歌山県警はどれほどの裏金を手にするのだろうか？」という視点です。

2001年(平成13年)7月25日、和歌山カレー事件が発生し、4人死亡63人重軽傷という大惨事の報道でした。

捜査本部を立ち上げたのは、まだ、食中毒と言われていた翌朝です、「和歌山カレー事件」のような犯罪史上「例を見ない大事件」の捜査費用は数千万円に及ぶはずです。

そして、そこから発生する「裏金」は「例を見ない金額」になり、そのことは、当然の如く「例を見ない多数のニセ領収書」を作成しなくてはならなくなるのではないか？という点です。

重大事件を純粋に捜査するだけでなく、「裏金」作りに費やす労力が捜査に悪影響を及ぼしていることを、捜査本部の捜査員は知っています。

日本中の注目を集め莫大な税金を使った以上、どうしても犯人を検挙しなければならないのは当然です。犯人と証拠が明白な場合は何の問題はありません。証拠不十分な場合に、捜査をする上で最悪な行為は、証拠の捏造です。

第3章で生田弁護士が述べていますが、裁判官は警察の捏造等不正を見抜くことは期待できません。

「和歌山カレー事件」の死因は「青酸化合物」だと警察発表されましたが、押収されたのは「ヒ素」です。そのヒ素も1回目の捜索では押収されていません。さらに、日本の犯罪史上例を見ない凶悪事件の真犯人ならば、死刑判決の確定した林眞須美死刑囚が、事件発生後23年を経過しても死刑執行されていないということは、法務省も、何らかの疑問(証拠不十分・証拠の捏造・警察の焦り・真犯人隠し等)を感じているのではないでしょうか?

死刑執行は、法務省の担当官(法曹資格者)が関係書類等を再調査・再確認して100%犯人だと断定しなければ法務大臣に上申しません。つまり、僅かでも疑問があれば死刑執行されないことになっています。

誰しも警察官を志した時に、「裏金」があることも「裏金」に関与することも「裏金」を懐に入れることも、想像していなかったと思いたい。正義のために、国民のために警察官になった若者が、「裏金」の魅力に負けて、「裏金」の虜《とりこ》になってしまうのも事実です。

「裏金」と「正義」という真逆の世界が、現在も同時並存しているのが警察組織なのです。

（文責　釣部　人裕）

参考文献等

『恥さらし 北海道警 悪徳刑事の告白』稲葉 圭昭 （講談社）
『日本の裏金、検察、警察編』（古川利明著、第三書館刊）
『裏金 警察の犯罪』（しんぶん赤旗取材班 新日本出版社）
『現職警察官裏金内部告発』（仙波敏郎 著講談社刊）
『警察捜査の正体』（原田 宏二 講談社現代新書）
『たたかう警官』（原田 宏二 ハルキ文庫）
『告発警官一〇〇〇日の記録 - ドキュメント』（仙波敏郎・東 玲治 創風社出版）
『追及・北海道警「裏金」疑惑』（北海道新聞取材班 講談社文庫）
『日本警察と裏金 底なしの腐敗』（北海道新聞取材班 講談社文庫）
『真実 新聞が警察に跪いた日』（高田 昌幸 角川文庫）
『なぜ警察官の犯罪がなくならないのか 元熱血刑事がテレビで言えなかったこと』（飛松 五男 インシデンツ）
『国破れて著作権法あり 誰がWinnyと日本の未来を葬ったのか』（城所 岩生 みらい新書）
『天才プログラマー金子勇との7年半Winny』（弁護士 壇 俊光 インプレス R&D）

第2章　検察の裏金

※本来であれば、三井環氏が執筆してもらうべきですが、三井氏がご病気のため、川上が換わって執筆いたしました。

川上　道大

1、裏事情を知る川上道大氏が語る！

◆三井氏との出会い

私、川上道大は、四国を拠点に、平成4年（当時44才）から、『四国タイムズ』というローカル新聞を月1回発行しています。2016（平成28）年に『日本タイムズ』と改称しました。

「四国タイムズ」時代から、香川県白鳥町談合問題や香川銀行による建設会社への不正融資問題、地元香川県の政治家のクビを飛ばす記事など、日本のことを想い、不正を正すために発刊しています。

いろいろと問題提起をするが、警察が捜査をしないという事件がいくつかあります。

平成5年に、三井環氏が高松地方検察庁に次席検事として赴任してきました。赴任後、三井氏より電話が来て、会うことになりました。そこで、談合など、香川県で起きている白鳥談合問題、香川県警の問題など、事情を話すと、三井氏は「川上さんは、地元では有名です。誰が告発したかではなく、その告発内容に犯罪があるかないかで、受理するか、捜査するかしないかを判断すべきです」と言って、なんと「検察だけで、独自にやります」と言ったのです。

これまで、検察単独で事件解決するのは、東京・大阪・名古屋の各地方検察庁に設置されている特捜部だけでした。

三井氏一人でそれをやることはできません。組織ですから、上の許可が必要です。そうしないと予算も取れません。

四国タイムズ（平成５年９月５号）

談合容疑の土建業者九名逮捕

事件は告発から始まった

政治改革の口火となるか

本紙の追及が実る

四国タイムズ

これはたいへん

指名入札にからくり

三井氏が、当時東京特捜部長だった宗像氏と交渉し、部長のＯＫが出ました。高松刑務所の独居房を次席の取り調べ室に改修し、応援検事も来ました。私が検事に詳細を説明し、検事が内偵捜査をして、平成５年の６月に、ガサ入れ（家宅捜索）をしました。高松刑務所の旧武道場に、押収物を収納しました。

庵治町の町長も香川医大の教授もガサ入れされています。

特捜部の無い地方の「中小」検察庁でも独自捜査する、はじめての事例になりました。

警察が、自治省の全国統一見解で談合金の流れの無い談合には、捜査しないと言ったので、高松地検に告発状を提出しました。

香川県警は、「警察を差しおいて…」と怒りますよね。しかし、私は、警察に相談に行って、警察ができないと言ったので、検察に告発状を提出したわけで、香川県警は何も言うことはできないはずです。

談合というのは、当然ですが、エリアで談合の内容、業者が違います。その後、県警も坂出談合で動き始めます。ところが、談合を仕切っているナンバー2の逮捕で事件を終わりにしようとしていました。ナンバー1の企業には手を出さない。

そこで、私は、三井氏に「それでは、事件は解決しませんよ」と言いました。

三井氏は、県警にナンバー1まで逮捕を指示します。やらないなら、三井氏が独自で動くだけです。ですから、思い通りに捜査・不捜査できない県警からすると、三井氏や川上が邪魔なわけです。

そこで、川上襲撃事件につながっていくのですが、本書ではその事件については省略します。

◆三井氏の別荘にて

平成12年の6月のことだったと思います。大阪に異動になっていた三井氏の岡山にある別荘に呼ばれ、家族でＢＢＱをしました。その途中で、二人だけで話があるとのことで、別室に呼ばれました。

そこで、あることを打ち明けられます。

それが検察の裏金の話でした。概略を紹介します。


加納駿亮という三井氏の先輩にあたる、検事がいる。仕事ができると、評価が高い。戦後最大の経済事件、イトマン事件を手がけた人でもある。

三井氏が大阪高検刑事部の時、京都で医学部を舞台にした贈収賄の疑惑が発覚。捜査を直接担当したのは京都地検ですが、指揮したのは、大阪高等検察庁。

三井氏は高松地検で香川医科大学の事件の独自捜査していた経験から、どうも裏付け捜査が十分ではない、この程度の内偵、捜査状況で逮捕するのは早いと進言しました。しかし、大阪高検は、三井氏が出張で出席していない会議で、逮捕にＧＯサインを出していました。関わった大学講師を逮捕、教授まで捜査する予定でした。結局は、教授を逮捕できず、講師も釈放され、起訴猶予となり事件は霧散してしまいました。

これは、検察にとって大きな失態です。

三井氏は、内偵不足など捜査の問題点を指摘したが、検察は失敗に目をつぶり、加納氏はじめ関係者を不問にして、栄転させた。

なぜ、検事が机の上ばかりで仕事をしたがるかというと、独自捜査で失敗すると責任をとらなければならない。だから、無難な仕事をするために、独自捜査は極力しない。三井氏は、独自捜査を他の検事よりはずっとやってきた自負はある。いつも何かあれば、責任をとる覚悟で、やってきている。正義を貫く検事として、それが当たり前のことである。

四国タイムズ（平成13年4月5日号）

四国タイムズ

本紙社長、佐藤元・加納現検事正を告発

不当な判定も馴れあいの犠牲か

法曹界の不正をあばく

川上社長、二人の元・現の検事正を告発

大林頭取側に殺人依頼の疑いも

VERDAD

ところが、加納氏は正論を唱える三井氏を「三井はオレに恥をかかせた」と逆恨み、人事権者として三井氏を冷遇しはじめた。

そこで、三井氏は、当時の荒川検事長に「関西におれんので東に行かせてくれ」といって名古屋高検総務部長に異動させてもらいました。

三井氏は平成11年7月、大阪高検公安部長

となるも、加納氏の横やりで給料や待遇のポストを示すランクが本来、2号であるのに3号に据え置かれました。

大阪高検公安部長は2号と決まっていた。3号という人は近年いません。給料が安いことを問題にしているのではなく、プライドがいたく傷つけられた。

検察官は独立して良心に従い、事件を処理して、正義を貫く。加納氏のやっていることは検事としてあるまじき行為である。

加納氏は平成7～8年に高知地検検事正でした。三井氏は、昭和63年から平成3年まで高知地検次席。加納氏がいかに調査活動費（「調活《ちょうかつ》」ともいう）で豪遊していたか手に取るように知っていました。ゴルフが好きで、休日には調査活動費をゴルフ代に充て、料亭でもよく飲食をしていました。

「私にも覚悟がある。加納氏の裏金問題を告発したい」と言う。こういう話をして、三井氏の私憤であることも認めたのです。私は、それに協力することを決めました。私は、平成13年『四国タイムズ』にこの内容を記事にしました。

三井氏は、この後、加納氏が調査活動費を裏金に流用していることで、告発してやろうと考えました。

そんな裏事情を三井氏は、いくつかの雑誌に告発をはじめました。

噂の真相で最初に記事が出たのは、平成13年1月のことでした。

当時、『噂の真相』に在籍していた、後に『鎮魂 さらば、愛しの山口組』なども宝島社から執筆を手掛けた西岡研介氏の記者が書きました。その後も、週刊朝日の落合博実記者や山口一臣記者が何度も、記事を書きました。

しかし、三井氏の告発は興味を示すマスコミはあれども、まったく電波にのって報道されることはありませんでした。大手のマスコミは情けないかな、検察から情報が取れなくなるのが、怖いと記事にしないのです。

平成12（2000）年末に、私は、三井氏と朝日新聞の村山治記者を赤坂東急ホテルのスイートルームで会うセットをしました。ところが、村山氏は、三井氏の告発の内容を記事にする気配がない。

ジャーナリストで『世田谷一家殺人事件—侵入者たちの告白』を書いた齊藤寅さんが、三井氏に朝日新聞の記者をあわせる段取り

四国タイムズ（平成13年5月5日号）

四国タイムズ
地検・元検事正告発、大きな波紋を呼ぶ
法曹界改革の一石となるか
検察内部の期待も大きい

をしてくれました。記者として大型経済事件や政界を巻き込む疑獄事件などの調査報道に携わる村山治氏である。

年明けて、加納氏が高松高検の検事長になるとのうわさを私たちは耳にした。そこで、三井氏と相談して、三井氏は現職検事であることを考慮して、私の名前で、加納氏を告発することにしました。

告発状は三井氏が下書きをしました。容疑は、調査活動費の中から現金を詐取したり、架空の領収書や公文書を偽造したという内容です。料亭の名前や罪名、罪状まで詳細に記述して告発しました。

高知県警に、高知の時の裏金で告発、兵庫県警に、神戸の時の裏金で告発の２本です。私は、両県警で調書を取られ、それがそれぞれの地検に上がりました。

事件を捜査するのは高知地検検事正当時の分は高松高検、神戸地検検事正当時の分は大阪高検でした。捜査は簡単です。通常なら、バーンとドアを蹴って事務局長室を急襲。裏帳簿をがっちりと抱えて、虚偽の伝票や支出伺い書を押収し、その後、事務局長らを取り調べると、すぐにコトは明らかになります。この事案は、調査活動費のことがわかっている検事なら、いとも簡単に捜査は終了できます。

しかし、受理するが、検察は動かないし、起訴も、嫌疑なしも不起訴も、処理もしません。平成13（２００１）年11月にこれら告発に対して、嫌疑なしとして、検察は不起訴の決定を下しました。その直後告発されていた、加納氏は福岡高等検察庁検事長というポストに栄転したのです。福岡高検検事長は全国に8つある高等検察庁の一つで検事長は天皇陛下から認証が必要です。

検察は真っ黒を真っ白にかえました。さらに、原田検事総長らが内閣に裏金作りを公表されると検察が崩壊すると泣きを入れ、加納氏の検事長人

四国タイムズ（平成13年9月5日号）

四国タイムズ

加納検事正の告発、兵庫県警が着手

四国タイムズ（平成13年10月5日号）

四国タイムズ

告発された加納検事正は、どうなるのか

検察庁の人事構想はおかしい

事の承認を得たのでしょう。これ以後、検察は内閣主導の国策捜査しかできなくなりました。小沢議員の逮捕・起訴がいい例です。三井氏は、その２点において加納氏のことはどうでもよくなりました。

四国タイムズ（平成13年12月5日号）

四国タイムズ

原田検事総長、検察の魂を売る

検事総長は、捜査畑出身者が適任 法務官僚では適正を欠く

原田明夫・検事総長の罷免を求める

検察は、真っ黒の人物を天皇陛下を騙して認証させたのです。

検察は加納氏を起訴して、調査活動費の実態を公表。国民に謝罪して、幹部は辞職。使った金は返還する。予算も返上する。そうなると期待して、私も三井氏も告発したのです。

一時的には権威は失墜するも、頑張ればいずれ、「さすが検察だ」と再評価されるようになる。ベストの選択肢であり、その方法を選択してほしいと思っていました。しかし、私たちの期待通りにはなりませんでした。

それまで、三井氏は加納氏への私憤で告発していましたが、**【国民を欺く検察こそ許すまじ】**と、私憤が義憤にかわりました。義憤により、現職のままでの実名告発の時期を探るようになりました。

◆三井氏が実名告発への決意

平成13年11月、加納氏を不起訴とした検察。三井氏は、どうすべきか、悩んでいました。

三井氏は、いくら川上が頑張っても、これ以上川上が頑張っても、調査活動費の裏金問題は検察庁と法務省が隠蔽してしまうという危惧をしていました。三井氏は、検察庁の調査活動費予算は、年々縮小され、そのうち忘れ去られるような筋書きを考えていました。

平成13年に入り、三井氏も熱くなってきていました。そこで、私は、朝日新聞社で税務に強い記者落合博実記者（当時・現フリージャーナリスト）と会い、詳細を説明しました。そして、三井氏と落合記者を秘密裏に会わせることにしました。

大阪心斎橋にある日航ホテルのスイートルーム、場所をセットしたのは、落合記者でした。

終了後、落合氏は、「用事があるので東京に帰ります、代金は払っているので、川上さんが自由に使ってください」とのことだったので、私は、その部屋に一泊することにしました。

大阪に宿泊すると決まると、三井氏が、「ある人を紹介したいから、近くにある『シャガール』というクラブに行こう」と言うのです。誰かと思い会ってみると渡真利という男性でした。三井、渡真利、私の3人、ホステスが付いたのですが、彼女は、高松の女子商高出身で、それも高校が近くで、話が盛り上がりました。

渡真利氏は、話し方や雰囲気、話の内容から、すぐに反社会的団体の人だと察知できました。

今は、大事な時期なので、私は早々に帰ることを促しました。運転手がいるとのことで、ホテルまで送ってもらい、車に残った三井氏と渡真利氏は、その後どこへ行ったかはわかりません。

時間は前後しますが、このことは三井氏が、逮捕される口実に使われたのです。検察は、尾行していたのです。逮捕したのは、あの大坪検事です。大坪検事と言えば、村木郵政事件で証拠を捏造し有罪になった人です。三井氏と渡真利・六甲連合会（指定暴力団山口組系）の関係にあり、脱税で三井氏が逮捕されたのです。

２００１年１２月７日号週刊朝日
(真ん中の写真は、取材を受ける川上)

現職幹部が衝撃告発!!
検察「裏ガネ」の全貌
組織ぐるみの裏ガネ「調査活動費」の驚くべき実態。
架空の情報提供者でっち上げ、高級料亭、ゴルフ…。
裏ガネの「作り方」と「使い方」

話を戻しますが、大阪のホテルで記者に話しても、加納駿亮の記事が一向に出ない。朝日新聞は、記事にしない。

三井氏は、鳥越さんにも話します。京都の自由民主党の幹事長を務めた野中広務、後に内閣総理大臣になった菅直人氏にも、さらには、色々な人と話しました。三井氏の思いはエスカレートしていきました。

平成13年夏頃から、三井氏は、朝日新聞の落合博実記者（当時・現フリージャーナリスト）より、何度も実名告発をと説得されていました。

三井氏は、調査活動費マニュアルという法務省が調査活動費をどう使えばいいのかを記した資料は持っていましたが、裏帳簿や使われた伝票など、資料は持っていませんでした。だから、自分が現職で生き証人として実名告発するのが最も説得力ある手段だということはわかっていました。

しかし、検察官として約30年、将来設計として、検察官を辞めて弁護士事務所を開業、子どものこともありました。退職するには、勇気が必要でした。部下たちや、尊敬できる先輩を裏切るような気もしていました。

検察官という職務上、調査活動費という税金の不正支出は、黙って見過ごしてもいいのか？ 法的に見れば、その告発は公務員の守秘義務違反に問われるのではないか？ そんな葛藤もしていました。また加納氏が辞職するらしいとのうわさもありました。

ですので、三井氏は、実名告発に踏ん切りをつけることができないでいました。

そんな中で、三井氏は覚悟を決め、私は、高松高等検察審査会に不起訴処分の不服を平成14年4月3日付で、申し立てました。

「あなたの、この告発の根拠は何ですか？ 示してください」と言われるのが分かっていたので、証人申請書を提出しました。証人は、三井氏です。この申請書で、調査活動費の裏金問題を告発しているのが三井氏であることを社会が公に知ることとなります。

三井氏に、取材が殺到しました。三井氏は、公安部長室の電話で取材要請に答え、その部屋でマスコミ関係者と会うこともありました。

民主党の菅直人代表に、衆議院法務委員会に証人として呼んでもらえるように、話をつけていました。

私と三井氏が立てた計画は、以下の通りです。

・まずゴールデンウイーク明けに朝日新聞の一面で調査活動費が裏金であると、実名で告発。社会面では、三井氏との一問一答を掲載。

・テレビ朝日系列のザ・スクープの単独インタビューを事前に収録。朝日新聞の告発と同じタイミングで放映。

・その後、断続的に複数のテレビの収録に応じてインタビューを放映。

・それまで、匿名で書いてくれた、週刊朝日・週刊文春・噂の真相は実名で、調査活動費の裏側を赤裸々に書いてもらう。
・最後に、現職検事のまま、法務委員会で包み隠さず真実を述べて、検察官のバッジを外す。

4月17日は、すべてがはっきりと決まりました。翌週からは、テレビのインタビュー収録が始まります。トップバッターがザ・スクープでした。キャスターの鳥越俊太郎氏が大阪に来られ、収録することになりました。4月22日（月）午後、大阪市北区のホテルの一室が指定されました。

◆三井氏の逮捕

平成14年20、21日は、土日でしたので、私は、前日まで三井氏の六甲にある自宅で、ジャーナリストの高野さんと一緒に話しをしていました。

22日の午後に、鳥越クルーが来て、ＴＶ用に鳥越氏のインタビューを撮影する予定でした。その中で、最後にバッチを外すことにしていました。

その鳥越クルーが来る予定だった22日の朝、三井氏は逮捕されました。

翌23日、鳥越クルーが高松の私のところまで取材に来ました。その後も、日テレも取材に来ました。

どうして、こんな絶妙なタイミングなのか？　って思いますよね。

ここでは、実名は挙げませんが、取材をして記事にすると言った記者の誰かが、検察に情報を流したんだと思いますよ。

検察は、電話を盗聴していたようですし、渡真利を取り込んだのだと思います。

こういうわけで、インタビューは幻に終わりました。

大阪高検元公安部長の三井氏が平成14年4月

2002年4月22日朝日新聞（夕刊）19面

「逮捕当然」「口封じだ」

大阪高検公安部長

暴力団疑惑、以前から

検察内部「外部へ情報」にらむ

検察庁の裏金作り、公表する準備　三井部長

22日、検察の調活裏金作り問題を現職のままマスコミに出て告発する寸前に口封じ逮捕されたのです。被疑は、電磁的公正証書原本不実記載、不実記録電磁的公正証書原本供用、詐欺、公務員職権濫用。この罪名では身内をかばうはずの検察が逮捕するのは不自然です。そこで再逮捕の被疑に悪用したのが、渡真利からの収賄罪です。

四国タイムズ（平成14年5月5日号）

四国タイムズ

逮捕は、原田検事総長の命取りかも

調査活動費告発を封じ込めたのか
逮捕劇の真相をさぐる

中小地検における独自捜査（回顧）について

検察のシナリオは、平成13年7月10日、詐欺師の渡真利が三井氏を大阪のクラブシャガールで接待、その後、デート嬢をあてがったというものです。しかし、このシャガールに同席していた私の扱いがなんとも邪魔になって仕方がなかったようです。なぜなら渡真利がシャガールで接待したのは私だったからです。接待の目的は、私と付き合いのある冷凍食品の加ト吉社長を紹介させ、衛星中継テレビのコマーシャル契約をさせることだったからです。

三井氏逮捕の一ヵ月後の平成14年5月21日、私は大阪地検特捜部・小寺検事に事情聴取されました。一幕は、大阪のシャガールでの渡真利からの接待状況。二幕は、週刊『文春』に十一月初め、調活問題を告発したのは高松のミニコミ社主、情報源は現役検事（三井氏）と掲載されたことで渡真利から恐喝されそうになった状況。三幕は、逮捕される四日前、六甲の三井宅ベランダで現役検事のまま実名で告発する決意を三井氏と私が確認する状況であった。

ただ検察が私から供述調書を欲しがっていたのは、三井氏の収賄容疑をでっち上げるための一幕、クラブシャガールでの状況でした。

私の担当を命じられた小寺検事こそいい迷惑ではないでしょうか。原田検事総長の描いたシナリオが狂いを生じた分岐点ですから…。

というのは、三井氏逮捕後マスコミが賑わした記事に「三井口封じ逮捕」「高級クラブで接待」「デート嬢を紹介」などが踊り、朝日新聞の落合氏からは「川上さん気を付けて、あんたを逮捕したら完全に口封じになる」などの話やら、大阪地検に出頭する前、日本テレビの黒住さん、ジャンさんから、「検察で聴取された後、川上さんがもし逮捕されたらこの映像を流す、その時に備えて、録画撮りを…」。

大阪地検の前でタクシーを降りるところから、中之島の新しい検察庁庁舎に入っていく場面、最後に別れのため私は心細くジャンさんに手を振った…。全部撮影しているわけです。

5月21日午前11時、大阪地検特捜部一六〇九号室。検察官・小寺哲夫検事、北山検察事務官。逮捕歴のない私は緊張しました。シャガールの場面を執拗に聴いてくるのです。小寺検事は少なくとも、五、六回、部屋を出て誰かの指示を仰いでいるようにも感じた。私は思わず検事に、

「三井氏が違う部屋にいて、供述調書を会わせるため、何度も打ち合わせに出て行くのですか？」

「私は別の事件を扱っていて、急遽川上

四国タイムズ（平成14年5月5日号）
2面 三井環氏勾留手紙

さんの担当をするようになったので…」

と答えるのです。

　ますます私は、三井氏と同じように検察が口封じのため逮捕する方向で供述調書を取り始めているのではないかと焦りに焦っていました。

四国タイムズ（平成14年6月5日号）

四国タイムズ
再び、原田検事総長の罷免を求める
三井逮捕は検察のワナ
暴力団癒着を演出か
三井・大阪高検公安部長逮捕までの経緯

　小寺検事は、おもむろに、

「あんたにも、渡真利は、三井さんと同じようにデート嬢を用意していたというがどうなんですか。」

「そら来た、私を逮捕する筋書きで誘導し始めた。これはえらいことになった。朝日新聞の落合さんや日本テレビのジャンさんが言っていた心配が現実になるのか？」と内心思いました。

私は、意図的に事実でない供述をしました。それはシャガールで二時間余り過ぎた後、三井氏と共に渡真利の車で日航ホテルまで送ってもらった事実を、一時間三十分ほど経過した後、私だけが一人で、歩いて日航ホテルに帰ったという供述をしたのです。三十分余りの空白ができたわけです。

この空白は、川上が自らの逮捕を逃れるために意図的に事実でない供述をしたのです。

小寺検事は、「あなたが言うようにそのまま調書に書きますから、三つの調書に別々に署名してくれますか」と言ってきました。

私は、ここでも検察に対する不信感が高まり、「別々にサインはしません、三井さん口封じ逮捕に都合のよいとこだけ利用されたのでは納得がいかないので、三つまとめてのワンパック、一つの署名しかしません」と答えました。

小寺検事も北山事務官も、大阪地検大塚次席や大仲検事からの指示には困り果てていたのではないでしょうか。

◆三井氏の刑事裁判

裁判が始まり、弁護側は、私の証人申請をしましたが、裁判長は、私が明らかな嘘を供述したことを証人不採用の理由にしました。検察の目論み通りです。

途中で、裁判長が、宮崎裁判長に変わったのです。最初の裁判長は、証人申請を不採用にしましたが、裁判長が変わったので、弁護側の秋田弁護士らは、再度、証人申請をしたら、今度は、認めたのです。

証人の事前打ち合わせも日テレは撮っています。

平成15年7月2日午後1時30分、大阪地裁二〇一号法廷。宮崎裁判長の前で、嘘は言わないと宣誓して証言台の前に座りました。私を証人として採用してくれたからには、三井氏口封じ逮捕事件が検察改革の糸口になるよう、日本司法の歴史に残る意義ある名判決を、裁判長が下せるようにと願いを込めて事実を述べました。

心の中で、「裁判官は、その良心に従い独立してその職権を行い、この憲法及び法律にのみ拘束される」、この一節が浮かんでいました。

前科13犯の渡真利の供述調書のみで逮捕起訴した検察の選択が、何かおかしいと感じてくれることを最大限期待しながら、渡真利がらみの収賄容疑を中心に証言しました。

宮崎裁判長は15分の休憩時間を10分に短縮して後の公判を再開しました。5分でも多く、川上から事実を聴きたいという裁判長の姿勢にはただ頭が下がる思いでした。

私は、司法改革が叫ばれている中、特異な事案として事実を事実として伝えることによって、日本の民主主義の成熟に役立つと確信して、宮崎裁判長に訴えました。全部で三時間の証言でした。

結果、裁判で、私の証言した部分は、全て認められました。その部分は勝訴になりました。

私が証人採用され一番困るのは誰か？　原田検事総長です。しかし、検察組織のことを考えると、原田氏が検事総長という権力の長としての肩書きであったため、多くの健全な正義を愛する検事が苦しみ、板ばさみになっていたという事実を厳粛に受け止めなければならないのです。

2004年9月29日
朝日新聞（朝刊）34面

三井被告に懲役3年求刑

高検元部長収賄で公判

「裏金」には触れず

捜査情報を得ようとすの暴力団側から飲食や女性の接待を受けたなどとして、収賄罪などに問わ

れた元大阪高検公安部長の三井環被告(60)の論告求刑公判が28日、大阪地裁（宮崎英一裁判長）で

あった。検察側は「暴力団の違法行為に対して厳正に臨む立場にありながら、賄賂を受け取ったの

は前代未聞。検察に対する国民の信頼を失墜させた」と述べ、三井被告に懲役3年、追徴金28万2

850円を求刑した。

（33面に論告要旨）

三井被告は公判で、検察の調査活動費の流用問題を実名で公表しようとした矢先の逮捕だったと主張。「逮捕は口封じが目的で、公訴権の乱用だ」と無罪を求めている。

論告で検察側は「嫌疑が明らかである以上、起訴するのは当然で、被告の主張は身勝手なもの

に過ぎない」と反論した。逮捕と裏金問題との関係には言及しなかった。

さらに、三井被告を高級クラブなどで接待したとして、02年9月に贈賄罪で懲役5カ月の判決を受け、すでに刑期を終えている暴力団関係者(42)の証言について「具体的で迫真性があり、高度の信用性がある」と指摘。「暴力団関係者の証言は

不自然に変遷している」とする弁護側の主張を退けた。

そのうえで被告の行為について「検事の職責を売ったと言っても過言でない」と糾弾した。

三井被告は01年6月～7月にかけ、情報収集で便宜を得たい趣旨と知りながら、暴力団関係者から大阪市内の高級クラブなどで計約28万円相当の接待を受けたとされ

る。

ほかに
ンション
うに装い
ける証明
た詐欺罪
ないのに
前科調書
入手させ
用罪など
いる。

次回の
護側の最
結審する。

三井氏逮捕の四日前、六甲自宅ベランダで、神戸の夜景を見下ろしながら三井氏が力強く、私に決意を表明したのが耳に残ります。
「長年検察にお世話になった、最後のご奉公として現役のまま実名で告発する。それによって検察改革が始まり、『検察の在るべき姿』を取り戻してもらいたい」。

2004年9月29日毎日新聞（朝刊）29面

「職責売ったも同然」
元大阪高検部長汚職
かつての同僚 指弾
論告求刑 三井被告「悪文だ」
調活費疑惑の口封じ
弁護団は無罪主張
仙台高検の調活費訴訟
高裁「不正流用の疑い」

原田検事総長の過ちをまとめると以下の通りです。
（一）私・川上から検察の調活裏金作りで告発されていた加納氏を一人切って（処分）、検察組織を救うべきであった。
（二）告発が未

処理であったため、森山法務大臣による加納氏検事長の承諾が得られず、小泉総理に直談判という「獣道」を選択した。

（三）小泉総理の告発未処理発言に、「検察の命」である捜査調書を捏造させた。

四国タイムズ（平成14年6月5日号）

四国タイムズ

原田検事総長、想像を絶する卑劣さ

己の保身のために暴力団を悪用か

なんと、私の証人採用が決まったのが金曜日、月曜日には、原田検事総長が退職し、アメリカの専門学校の講師になるとの理由で、海外に出たのです。翌火曜日に当時の法務大臣がテレビで説明していました。

◆原田検事総長が発覚を恐れた事実

H13年3月29日　加納・高知地検検事正当時の詐欺容疑を被疑者として最高検察庁に告発
H13年7月10日　渡真利、川上、三井がクラブシャガールで飲む。川上、日航ホテルで宿泊
H13年10月19日　加納大阪地検検事正が新幹線で隠密裏に上京
H13年10月20日　麹町の後藤田事務所に、原田検事総長、ほか2名が訪問
H13年10月21日　麹町の後藤田事務所で、原田検事総長が小泉総理に加納福岡高検検事長承認を依頼。（後藤田、川人（秘書）、小泉首相、飯島（秘書官）、原田、松尾（次長）、古田）
H13年10月22日　加納大阪地検検事正が公務？で上京
H13年10月30・31日　東京で全国高検検事長会議
H13年11月上旬　三井部長、渡真利から恐喝を受けるが未遂
H13年11月7日　大阪高検が加納被疑者を「嫌疑なしの不起訴」にする
H13年11月11日　日中文化会館で後藤田正晴・米寿祝賀会。原田検事総長らが出席
H13年11月13日　高松高検が加納被疑者を「嫌疑なしの不起訴」にする
　小泉内閣が加納駿亮氏を福岡高検検事長に承認
H13年11月15日　加納駿亮氏が天皇の認証を得て福岡高検検事長に就任
H13年11月30日　川上が原田検事総長の罷免請求を検察官適格審査会に提出

H14年1月下旬　渡真利、亀谷が荒川元検事長に三井部長の件で接触
H14年2月　大阪地検特捜部が、渡真利を悪用して三井逮捕を画策
H14年4月18日　神戸市六甲の三井宅ベランダで、三井部長が実名告発の決意を川上に語る
H14年4月20日　法務省三田分室「料亭かつら」で検察首脳が謀議。
原田検事総長が三井逮捕を指示
H14年4月22日　大阪地検特捜部が三井大阪高検公安部長を逮捕

◆宗像氏との出会い

２００１年（平成13年）高松高検検事長に宗像紀夫氏が異動してきました。３Fに「四国タイムズ」が入っているビルの２Fは、「キャベツ」という喫茶店です。

私は、何年もそこで、モーニングを食べていました。そこの店に、宗像さんも食事によくきていました。私は、店の奥の窓側の席、宗像さんは、入口近くのマスターと話ができる距離のカウンター近くの席に座ることが多かったようです。

マスターの小倉さんも中央大学、宗像さんも中央大学卒です。「四国新聞」に、宗像さんが着任したとの写真入りの記事が出たことから、マスターは、宗像さんの顔と学歴がわかり、宗像さんのことを知ることになります。

マスターは宗像さんに、「あそこに、座っているのが四国タイムズの川上さんですよ」と、私が、この店の常連であることを伝えました。すると、宗像さんは、驚いた顔をして、「川上さんには、宗像に声をかけないでもらいたい。それを守ってくれないと私は、この店に来れなくなる。」と言ったそうです。

そのことを聞いた私は、宗像さんが店に現れても、遠目に見えるだけでした。それでも、宗像さんが、喫茶店においてある「四国タイムズ」を読んでいるのはわかりました。最初の頃は、手に新聞を取っては、読み終わると、元の場所に戻していましたが、途中から、何部か置いてあり、「どうぞ、ご自由にお持ち帰りください」としているので、持っていくようになっていました。

四国タイムズ
(平成13年8月5日号)

宗像・高松高検検事長、抱負を披瀝

高松高検は検事正・告発の舞台

七月二日付で高松高検の検事長になった宗像紀夫氏（五九）が九日、記者会見し、「常に厳正公平、不偏不党という精神を忘れず、特異な事件にも英知を結集して捜査に当たっていきたい」と抱負を述べた。

宗像検事長

同氏は福島県出身。悪玉の政治家や財界人に取っては最もこわい東京地検特捜部に十年以上も在籍していたことがある。

高松高検は、川上・本紙社長が告発した佐藤勝・高松地検元検事正と杉原・高松高検元検事長を捜査する舞台に決まっている。担当検事は、高橋信行検事。

本紙は、宗像検事長が発言した厳正公平な今後の活躍に期待してやまない。

これは推測ですが、挨拶もしないし、記事の内容から私への信頼ができてきたのか、「香川県警を何とかせなあかんなー」と思いはじめたのではないでしょうか。

なぜなら、話すことも近づいて挨拶することもありませんでしたが、どちらともなく目を合わせて、目礼するようになっていたからです。

平成13年に、私と三井氏が、加納を告発したことは先に書きました。

これは、加納が福岡高検に行く話が出て、小泉総理が認めない。理由は、私の告発が処理されていない、不起訴になっていないというのが理由です。

平成13年に、神戸地検分が不起訴、高知地検分がその8日後に不起訴になりました。高知地検の上位検察庁は、高松高等検察庁です。要は、宗像高松高検検事長のいるところです。

いつものように「キャベツ」にいる時に、マスターとこの話になったので、私はマスターに言いました。

「8日間、高知地検が遅れたのは、宗像さんが、抵抗したのではないでしょうかね。組織人としては不起訴にするしかないですから…」

マスターが宗像氏に、この話をしました。

その時、宗像氏は「川上さんは、わかってくれたんだ」と呟いたそうです。

その後、赤穂浪士の討ち入りがあった日なので覚えているのですが、名古屋高検に異動が内定していた宗像さんが、マスターの小倉さんに、「離任するのでその前、平成14年12月14日13時に川上さんに検察庁に来てもらえないか？」と伝えたのです。それをマスターから聞いた私は、検察庁に行って、宗像氏と会うことにしていました。

でも、このことは公にはできません。

検察庁に行ったら、次長や秘書が、宗像検事長に取り継がない。でも、「約束していた」とは言えないわけです。なので、「取り継ぐくらい、できるだろうが…」と文句を言って、帰りました。

すると、まもなくして、宗像氏より、お詫びの電話が来ました。

「私は、検察として、川上さんは、マスコミとして、日本のことを思っているのはわかります。私たちは、打ち合わせをしたり会うことはしないでおきましょう。それぞれの道で、日本のことを思いましょう。あなたの場合、今の考えや行動を変えることはありません」旨を宗像氏は話してくれました。私は、そういう日本を思う人が検察内部にもいるんだと、力強く感じました。そういう人に、『四国タイムズ』は記事を届けているんだ、との思いを新たにしました。


離任前に、宗像氏は、2枚の色紙をマスターの小倉さんに渡しました。1枚には、「人生意気に感ず」、もう一枚は、「国滅ぶとも正義は行わるべし」とありました。宗像氏と小倉さんは、小倉さんの娘さんの仲人をする間柄です。「人生意気に感ず」は小倉さんへ、「国滅ぶとも正義は行わるべし」は川上さんに渡してほしいと伝えられたそうです。

宗像氏からいただいた色紙

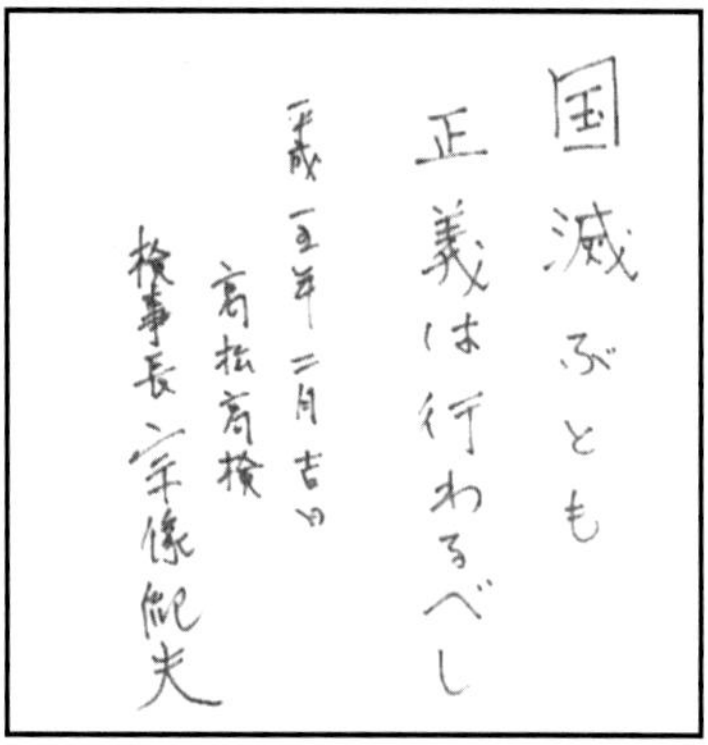

私は、お互いを知りながら、口を聞いたことがない宗像氏から、「国滅ぶとも正義は行わるべし」と書いた色紙を頂きました。感激しました。今も額に入れて飾っています。宗像氏は異動になり、その後、川上襲撃事件が再捜査になったのです。

暴対法では、暴力団事件は警察抜きではできません。警察の事件（拳銃を暴力団に提供）を民事で表に出すのが私の役割だと思っています。

◆ここから始まった？

当時の原田検事総長が決断した三井（口封じ）逮捕事件の手法は、その後、「凛の会事件」や厚労省の村木厚子（当時）課長を逮捕した「郵便不正事件」へと発展し、さらに検事による証拠改ざんや犯人隠避事件にまで事態は深刻さを増し、検察の国民からの信頼は地に落ちたのです。

大坪検事は、三井事件で事件捏造が成功して味を占めて、「郵便不正事件」でも、証拠捏造をしたのでしょう。

いま検察は、改革と称して旧来からの悪しき組織の脱皮を図ろうとするものの、三井逮捕事件の過ちを総括せずにただもがき苦しんでいるように私には思えてなりません。これでは、社会正義に燃える真っ当な正統派の検事や検察関係者があまりにもかわいそうです。

本書記載の主な裏金告発の流れの時系列

三井環氏裏金告発（検察）
→稲葉事件（北海道警察）
→原田宏二氏裏金問題記者会見（北海道警察）
→斉藤邦雄氏裏金問題記者会見（北海道警察）
→金子氏Winnyで逮捕（裏金情報が漏洩）
→三井環氏有罪（裏金に触れず有罪）
→仙波敏郎氏裏金問題記者会見（愛媛県警）
→金子氏有罪
→生田氏情報開示請求（裁判所）
→映画「Winny」公開

テレビ局の黒住さんやジャンさんとは肝心な時期に連絡を取り合い必要となるであろう場面は逐次、録画していました。

三井氏逮捕後の5月21日午前11時から、川上が大阪地検特捜部１６０９号室で小寺哲夫検事の聴取を受けた時も、検察庁に入っていく姿は録画されています。

三井事件は、単に三井氏の事件ではないのです。近年の検察の信用失墜、すべては、ここから始まったのです。ここから、襟を正さなければ、検察改革は不可能だと私は声を大にして訴えます。

◆裏金は過去の話です。これからは違います！

私は、本書で事実を公表しました。検察の責任者は必要であれば辞任し、これからの組織の体質を改革してほしいのです。個人的には謝罪する必要ないと思っています。

法務大臣や副総理を務めた後藤田正晴氏と私が話した時のことです。

「警察には、身近なことでいろいろ配慮してほしいと言うことはできる。でも、検察には、それはできない。下手に検察にお願いすると、もっとやってくる。自分たちが逮捕されるかもしれんからな。検察に口を挟めないいんだ」という趣旨の話をしてくれたことがありました。

あの当時、議員でも内閣でも、検察の正義を恐れていました。しかし、先に述べたように、検察は内閣に借りを作ったのです。それ以降、検察は、政治家に対して及び腰です。国家は成熟していく必要があります。政治家は、検察が怖くなくなっているのです。いざ検察が何か言って来たら、裏取引をばらすぞ！と検察はいわれるのを恐れているのです。

今の検察は、権力者と政権（政治家）に弱みを握られているのです。

権力者と政権（政治家）とのつながりを断ち切れないのです。幹部と一般職員の関係も似たようになっており、内部が腐敗しているのです。

検察に、政治家が何か言って来たら、もっと行きますよ、とは言えないのです。今の検察に思い出してほしいのは、**「検察の権力を悪用する人を排除する」**ことです。

検察が、検察本来の良識と役割とになって、日本の正義を守っていかないと、日本は滅びます。２０２３年1月、検察のナンバー2である東京高検検事長に畝本直美氏が就任しました。前職は、広島高検検事長でした。河井夫妻選挙違反事件のあった広島の高検から来た方です。

今までの悪しき体質を彼女は変革できるのではないかと期待しています。

「裏金は、過去の話です。これからは違います」と、政治家や幹部検察官に言ってもらいたいのです。

三井氏の裏金告発をきっかけに、司法とメディアが密接に絡み合い、大きく動いたのです。しかし、現在はその動きも止まっています。本書を、裏金撲滅のきっかけにしたいのです。

以下、2～5は、三井環氏本人、古川利明氏、村山治氏などの書籍から、事件について、まとめました。

２、検察のタブー「裏金」告発のシナリオ

◆検察のタブー「裏金」を隠蔽する目的で、検察権を濫用した

平成14年（２００２年）４月22日、三井氏は、身に覚えのない事件によって、逮捕された。現職の大阪高等検察庁公安部長でありながら、である。なぜ検察は、事件を捏造してまで、三井氏を逮捕したのか。それは、三井氏が、**検察のタブー「裏金」を告発しようとしたからである。**

検察には、「調査活動費」という、表向きには、事件の調査、情報の収集等の調査活動に要する経費として認められた予算科目が存在し、ピーク時の平成10年度には、５億５３００万円にも達していた。

文字通り、検察の調査活動のために、部外の情報提供者、調査協力者等に対して謝金を交付することが典型的な使用方法である。しかし、その使途については、その機密性、極秘性から、外部のチェックを受けない、いわば聖域的な予算として扱われていた。これをよいことに、架空の情報提供者数名を造りあげ、情報提供に対する謝礼を支払う形にして、それに見合う虚偽の支出伺書を作成し、謝礼を受領した旨の領収証を捏造する方法で金を浮かせ、事務局長がこれを「裏金」としてプールしていたのである。そして、検事正、検

事長、検事総長ら検察幹部の高級料亭、高級クラブ、ゴルフ代等の遊興飲食に、この「裏金」が使われてきた。

「裏金」の原資が国民の税金である。それが本来の用途には使われてこなかった。

国民にとって、「正義」の象徴である検察が、長年に渡り国民を欺き、このような信じられない犯罪行為を、検察は組織的に行ってきた。これは、一部の検察庁のはなしではない。全国すべての検察庁において、表向き「調査活動費」として付けられた予算が、検察幹部の遊興飲食のための「裏金」へと替えられてきたのである。

全国すべて同じカラクリで、架空の情報提供者を造りあげ、虚偽の支出伺書や架空の領収証を作成して裏金造りが行われてきた。これらは、虚偽公文書作成、同行使、詐欺、私文書偽造罪に該当し、明らかに犯罪である。本来、これら犯罪を取り締まるべき検察が、自ら巨額の裏金にまみれて、私腹を肥やしてきたのだ。

◆マスコミ、政界を巻き込んだ検察の「裏金」暴露のストーリー

三井氏は、現職のまま、実名にて検察の組織的裏金造りの犯罪を、マスコミ等に公表する決意をした。そして、実名での公表のうわさがマスコミ等に流れると、朝日新聞東京本社、共同通信東京本社、産経新聞東京本社、毎日放送、ＮＨＫ、週刊朝日、週刊新潮「噂

の真相」等、各メディアから三井氏に対して取材が行われるようになった。

そして、いよいよ平成14年4月22日の正午からは、テレビ朝日からのインタビュー収録、同月24日には毎日放送のテレビ録画が行われる予定となった。その後、5月の連休明けには、朝日新聞が一面トップ報道することにもなっていた。そして、それを元に、当時の民主党の菅直人氏が、法務委員会で質問し、三井氏も参考人招致され証言することになっていた。三井氏はそれらを成し遂げ、検察のタブー「裏金」を白日の下に晒したうえで、検事を辞めるつもりであった。

しかし、テレビ朝日のインタビュー収録が行われる、まさに4月22日の朝に、三井氏は検察により逮捕されたのだった。三井氏の告発を封じる口封じ逮捕だ。検察首脳は、組織的犯罪である「裏金」の隠蔽をはかるために手段を選ばなかった。

3、裏金作りの手口を解説すると…

◆検察の「裏金」造りは、公知の事実として存在していた

三井氏が検察の「裏金」作りを知ったのは、昭和61年4月に神戸地方検察庁公安部に配属されてからだ。公安部には、昭和63年3月まで、2年間所属していた。

当時、公安部の公安事務課では、虚偽の支出伺書や架空の領収証を何十枚と作成していた。当時は、「裏金」造りのカラクリの全体像まではわからなかった。そして、昭和63年

4月、三井氏は高知地方検察庁次席検事になったときに、その全てを知ることとなった。

次席検事になると、毎月初めに、「裏帳簿」に自分の判子を押して決裁する。着任して1週間ほど経った頃、事務部門の責任者である事務局長が、三井氏のもとにノートを持ってきた。それが調査活動費の裏帳簿だった。市販の金銭出納簿に、金の出入りが日付ごとに記載されていた。調査活動費が、検事正の遊興費や接待費に使われていることが、びっしり書かれていた。三井氏は、ヒラの頃、検事正が毎晩のように高級クラブで飲み歩き、日曜日にはゴルフ三昧ができるのを不思議に思っていた。検事の給料は法律で決まっており、兼職も禁止されている。しかし、裏帳簿を見て、その謎

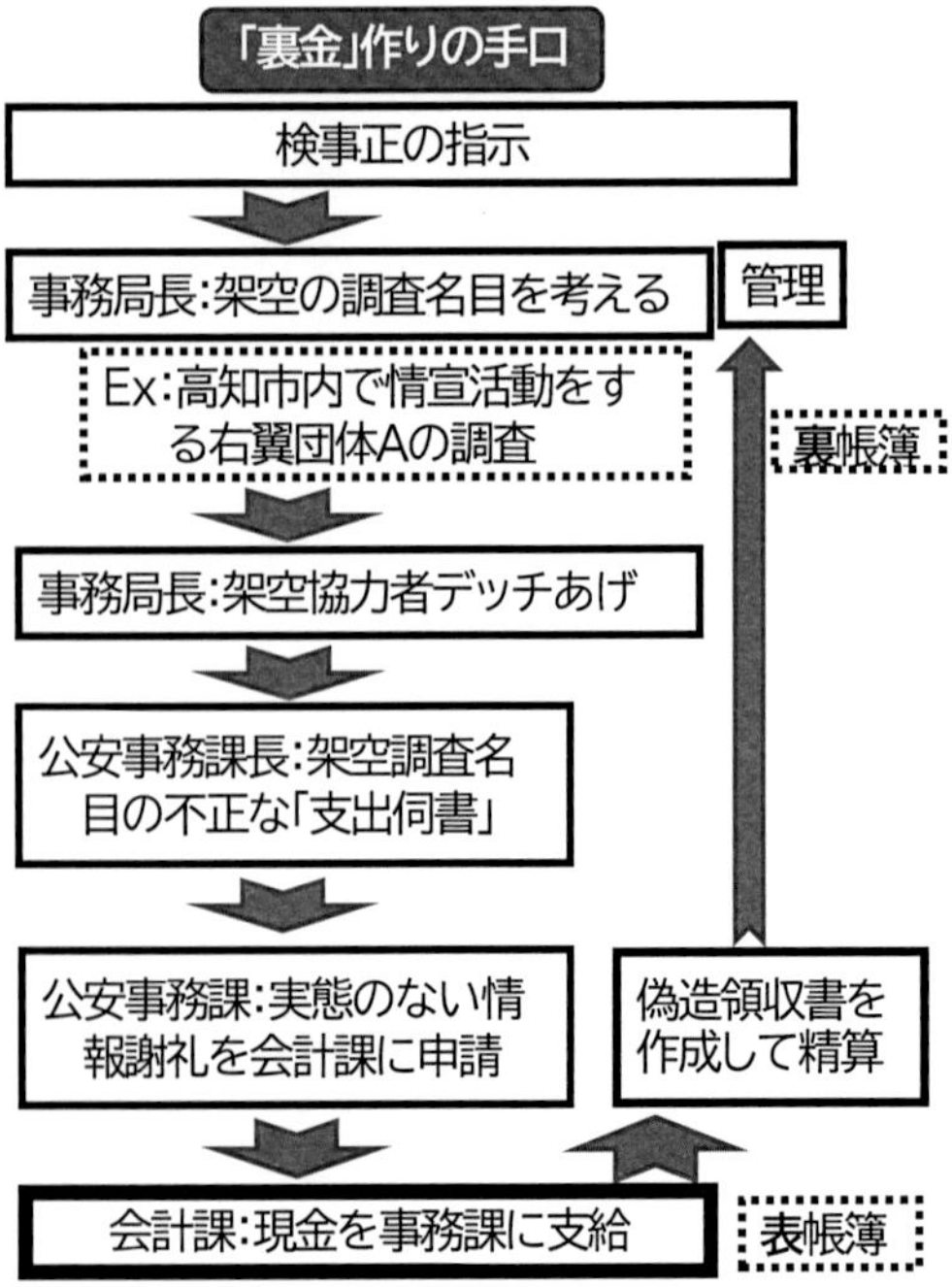

「裏金」作りの手口
検事正の指示
事務局長:架空の調査名目を考える
Ex:高知市内で情宣活動をする右翼団体Aの調査
事務局長:架空協力者デッチあげ
公安事務課長:架空調査名目の不正な「支出伺書」
公安事務課:実態のない情報謝礼を会計課に申請
会計課:現金を事務課に支給
表帳簿
偽造領収書を作成して精算
裏帳簿
管理

が解けた。

　高知地方検察庁に予算として配分される調査活動費の全てが、「裏金」へと変わり、検事正の遊興飲食に使われていたのだ。こんな犯罪を検察がしていていいのか。次席検事になり、初めて「裏金」の全容を知った人は、誰でも同じ疑問を持ったであろう。

　しかし、次席検事も検察という大きな組織の一員である。組織に流され、「裏帳簿」であるにもかかわらず、日常的な仕事として決裁する。全国の地方検察庁の次席検事がそうしてきたように、三井氏も組織的犯罪に手を染めてしまった一人だ。

　「裏金」作りの手口はこうだ。まず地方検察庁のトップである検事正の指示で、事務局長が架空の調査名目を考える。たとえば「高知市内で情宣活動をする右翼団体Aの調査」といった具合だ。と同時に、情報提供料を支払う先となる架空の協力者を、適当な住所や氏名を使い、デッチあげる。こうして架空の情報提供者を4～5人つくりあげ、その架空情報提供者に対して、情報料として、1件あたり3万円か5万円を支払ったカタチにする。

具体的には、事務局長は、公安事務課長に指示して、架空の調査名目に基づく不正な「支出伺書」を作る。そうして1回につき、3万円か5万円という実態のない情報謝礼を、会計課に申請する。会計課は、それが真の調査目的で情報謝礼として支払われるものだと誤信して、公安事務課の申請どおりの金額を支出する。会計課から現金を受け取った公安事務課が、偽造領収書を作成して精算する。会計課には、架空の支払先が書かれた表帳簿と、公安事務課が造った偽造領収書が保管されることになる。

三井氏が高知地方検察庁の次席検事だったときは、年間の調査活動費の予算が４００万円ほどであった。1件5万円であれば80枚、3万円なら１３０枚の不正な支出伺書と架空人名義の偽造領収証を作成していた計算になる。

　こうして捻出された「裏金」は、すべて事務局長が自分の部屋の金庫で管理する。事務局長は、市販の金銭出納帳を使い、裏帳簿をつくる。そこには、裏金の出入金、高級料亭からの請求書、領収証等の証拠書類が添付されている。それらを見ると、裏金がいつ、どこで、何に使われたかがすべてわかる。事務局長は、毎月上旬ころに、次席検事である三井氏と検事正に帳簿を見て、決裁を受けることになっていた。

　もちろん次席検事の三井氏は、決裁するだけで裏金を使うことはできなかった。裏金を使えるのは地方検察庁であれば検事正、高等検察庁であれば検事長、最高検察庁であれば検事総長、法務省であれば事務次官、刑事局長、官房長だけだ。彼らの使途は、遊興飲食代、接待費、ゴルフ代、麻雀代などであり、一晩に多い時で30万円、少ない時でも10万円は使っていた。

「裏金」を使える人

地方検察庁：検事正

高等検察庁：検事長

法務省：事務次官、刑事局長、官房長

最高検察庁：検事総長

↓

使用使途
遊興飲食代、接待費、ゴルフ代、麻雀代

↓

金額
一晩に多い時で 30 万円
少ない時でも 10 万円

三井氏は、高知地方検察庁次席検事として３年間、そして、平成５年から高松地方検察庁次席検事として３年間、裏帳簿などの決裁をしてきた。したがって、裏金作りの実態は十分把握している。このようなカラクリで、全国一律に裏金造りが行われていたのである。

全国の検察の調査活動費予算の推移は、平成17年２月１日付毎日新聞夕刊によると、平成６年度は年間３億５７００万円、平成７年度３億９６００万円、平成８年度４億２８００万円、平成９年度４億９１００万円と年々増加して推移しており、ピークを迎える平成10年度は、５億５３００万円にまで膨らんでいる。これらはすべて税金である。しかし、１円も本来の目的に使われていない。すべてが、検事正ら検察幹部の遊興飲食代などに使われてきたのである。

◆検察内部からの匿名での「裏金」告発！

検察の「裏金」造りの実態を三井氏が告発する前に、実は、検察庁内部から匿名で告発文書が出されている。平成11年に入り、「正義を求める検察組織の一員から」という告発文書が、大手新聞社、当時の民主党の菅直人議員、国民会議の中村敦夫議員などに送られた。

その内容の要点は、次のようなものだ。

・検察には、組織的に公費から捻出した裏金で、特定のポストに就いた者の私的な遊興、享楽的費用を賄っているという腐敗が存在する。その使い主は、検察組織では検事総長、次長検事、検事長、検事正であり、法務本省では、法務事務次官、官房課長、刑事局長以上である。

・裏金捻出の公費は、「調査活動費」（内部では「調活」）である。

・調査活動費は、調査委託、情報交換、情報収集等に必要な経費として認められ予算化されたものであり、法務大臣から全国の検事正以上の各庁の長に配られ、その100％が裏金に回され使われている。

・裏金造りは、情報提供者に情報提供に対する対価として支払ったように装い、領収書等の経理書類等を捏造・偽造することで行われている。各庁の会計課長（前渡資金官史）は、事務局長の指示を受けて架空領収書に基づき、あらかじめ現金化してある前渡資金からその都度支払ったことにして会計処理を行う。現金は事務局長に渡され、事務局長は、その裏金から幹部の私的な飲食・遊興費への支払いを行う。

・裏金造りの事務は、各検察庁の事務局長及び事務局総務課長等一部の幹部検察事務官が担当する。彼らが、架空領収書の受取人欄に架空の氏名を書き入れ、印鑑を押している。

・検察活動で求められる情報は、具体的事件の参考人や警察等関係機関から寄せられたもので十分であり、情報提供者という名のスパイ的存在の人物（警察用語で「S」と呼ばれるもの）の必要性はなく、現実に「S」は存在しない。

・調査活動費の不正な支出行為は、犯罪そのものである。これらの不正行為は、横領罪、背任罪、詐欺罪、虚偽公文書作成・同行使罪、有印公文書偽造・同行使罪、有印私文書偽造罪等のいずれかの犯罪を構成する。これは、内部では公然の秘密とされている。

・告訴された地方公共団体の不正経理問題を検察が起訴しないのは、自ら不正経理により裏金を生み出しているからである。

「正義を求める検察組織の一員から」の内部告発は、『週刊現代』（平成11年5月22日号）と「週刊宝石」（平成11年5月27日号）だけが記事にした。

平成11年5月22日号『週刊現代』に掲載された記事の内容を紹介する。

取材に応じた検察関係者は、告発文書について、次のように信憑性の高い文書であることを認める証言を行っているのだ。

・「極めて信憑性が高い内容だと認めざるを得ません。用語の使い方といい、会計面での記述の正確さといい、これほどのものは内部の人間でないと書けないでしょう。差出人はベテランの検察事務官ではないかと思います」（検察ＯＢ）

・「これを書いたのは、検察内部の、しかも会計処理をよく知っている人間であることは間違いない。」（元東京地検特捜部長・河上和雄氏）

・「間違いなく内部のものが書いたものでしょう」「告発内容も事実です」（東京地検検察官）

・「Ｓ」（エス＝スパイ）が検察に存在するかどうかについても、次の証言が紹介されている。「調活（調査活動費）が情報提供者への謝礼として使われたという例を、私は知りません。聞いたこともない。事件の端緒を参考人からつかむことはあるが、それでも謝礼などは渡さない。また、検事が進んで情報提供者に接触して、ネタを集めるということも、まず考えられない。事件のほとんどは、警察からの送致事件と“直告”（持ち込み）で、検察はいわば受け身の立場です。……つまり、調活は、この文書が弾劾しているとおり、名目どおりに使われたことなど、まずないということなんです」（前出の検察ＯＢ）

・「検察庁刑事部や公判部は、送られてきた書類を処理するだけだから、調査活動をしないんです」（司法ジャーナリスト・鷲見一雄氏）

しかし、これに続く報道はなかった。特に大手新聞社はまったく報じなかった。結局、日本の大手新聞社は検察を敵に回すことを恐れている。メディアの本来の役割は、権力の暴走を監視することではなかったのか。メディアが検察組織に対して弱腰だからこそ、検察の暴走が繰り返されるのではないのか。

◆調査活動費の予算が、内部告発文書を起点に減少に転じた

上記内部告発文書は、三井氏が次席検事通算6年間に経験した事実にも添う内容であり、すべてが真実である。それを裏付けるかのごとく、それまで毎年増加していた調査活動費予算が、告発文書が出された平成10年度の5億5３００万円をピークに、翌年度の平成11

年度は3億2200万円と急激に減少する。以降、平成12年度2億2600万円、平成13年度1億5900万円、平成14年度7900万円、平成15年度7800万円と減少の一途を辿る。何もやましいことがなく、調査に必要な予算であれば、減少させる必要はないはずだ。しかし、内部告発文書が出された時点と調査活動費予算が減少に転じた時点が一致する。この客観的事実から、内部告発文書の内容が真実であり、検察は不正を隠蔽するかのごとく調査活動費予算を減少させたと推認するのが合理的である。

実際に検察首脳は、3割減らした調査活動費予算を、公安調査庁等に回すことを決定していたようだ。法務省は、全国の8高等検察庁の次席検事を東京に集めて、緊急対策会議を開いた。1月から2月にかけて2～3回は開かれた。検察内部では、この機会に裏金造りをやめて、調査活動費予算をすべて国に返上すべきとの意見もあったようである。

しかし結局、法務省は、予算を返上すると今まで何に使っていたのかを説明しなければならず、返上しないと決め、毎年少しずつ減らしていくという方法を選択した。

これが最初のボタンの掛け違いだ。検察首脳が、この時点で全てを認め、調査活動費予算をすべて国に返上し、国民にお詫びをすることを選択していれば、どうなっていただろうか。当然、検察組織の幹部が総辞職することとなり、検察への信頼は失墜しただろう。しかし、それは長い歴史からすれば、ほんの一時のことだ。悪しき習慣に自ら終止符を打つことで、公益の代表者たる検察の名にふさわしい、国民に誇れる「正義」の検察組織が新たに誕生したのではないだろうか。そのチャンスを自ら放棄し、裏金を隠蔽するという選択をしたのだ。その代償は極めて大きい。後で詳述するが、当時の原田明夫検事総長は政権与党と貸し借りを造る【闇取引】をせざるを得なくなり、「けもの道」に入ることを選択することになったのである。

4、裏金造りを刑事告発

◆現職検事正の裏金造りを刑事告発！

平成13年に入り、三井氏は、当時、現職の大阪地方検察庁の加納駿亮検事正を被告発人と検察の裏金造りを犯罪として刑事告発した。三井氏が刑事告発をしたそもそもの動機は、三井氏に対する加納氏の人事権の濫用に憤りがあったからだ。

発端は、平成8年の京都大学病院の米国製新薬の臨床試験を巡る汚職事件で、京都地方検察庁が家宅捜索を先行させず、内偵不足と帳簿捜査が杜撰なまま、いきなり大学講師を逮捕して、独自捜査に失敗したことにある。この捜査を指揮していたのが、大阪高等検察庁次席検事だった加納氏であり、捜査の暴走を止めるべく上層部へ進言したのが、同庁刑事部の三井氏であった。三井氏は、これ以降、加納氏から人事や待遇面で冷遇を受けることとなり、これに対する憤りが、刑事告発の引き金となった。

三井氏は、平成13年3月29日に加納氏が高知地方検察庁検事正だったころの裏金造りを、虚偽公文書作成、同行使、詐欺などの罪で、最高検察庁に刑事告発した。表向きの告発人は、三井氏の友人である「四国タイムズ」社長川上道大氏になっているが、実質的な告発人は三井氏であり、「告発状」を三井氏が下書きしている。

以下、その一部を引用する。

一、告発事実

被告発人加納は、架空の情報提供者を作出して、調査活動費名下に現金で搾取しようと企て、事務局長及び公安事務課長らと共謀の上、平成7年7月から同8年7月までの間、高知市丸ノ内1―4―1、高知地方検察庁において架空の情報提供者に謝礼を支払う旨の内容虚偽の公文書及び架空名義人の私文書である領収証を各偽造した上、これを会計課に提出してその旨誤信させ、現金合計約400万円を搾取した。

二、罪名及び罪状

虚偽公文書作成、同行使、詐欺、刑法156条、158条1項、246条1項

私文書偽造、刑法159条1項

三、告発の具体的内容

被告発人が事務局長に指示して、架空の情報提供者数名を作り出して、1回に原則3万円か5万円の謝礼を支払うこととしてそれに見合う架空の支出伺書を作成させ架空人数名が3万円か5万円を受け取った旨の領収証を捏造する方法で金をうかせてこれを裏金とし

てプールして事務局長の自室に保管され、主として飲み食いの遊興飲食費に使った。架空の支出伺いや架空の人名義の領収証は事務局長が指示した。単純計算すると3万円であれば130回、5万円であれば約80回もの内容虚偽の公文書あるいは架空名義人の私文書を作った計算となる。

四国タイムズ

県、事件や不詳事が相次ぐ

全国に悪名を売る
知事は頭の下げっ放し

百五十九社に及ぶ大型談合事件

県庁の裏金問題は大きい 職員の倫理欠除か

平成14年3月5日
四国タイムズ　1面

香川県庁の裏金問題を報じた

四、詐取した現金の使途

高知市内にある高級料亭「城西館」「浜長」「スナック浜長」において遊興飲食した。一晩に少ない時で二次会分を含めて最低10万円、多い時は30万円を飲食した。

五、本件は犯罪を摘発する立場にある検察幹部がその裏で犯罪行為をくり返し、部下である検察事務官をまき込んでの組織的犯罪である点に特色がある。外務省の機密費事件は、水増し請求でかつ単独犯であるのに比べて本件は架空請求事件で組織的犯罪であり、いかなる観点からしても弁明の余地のない事件である。

被告発人加納は、大手新聞社の取材に対して、事実無根である旨虚偽答弁をしたとのことであるので、罪証隠滅をする恐れが多分にある。直ちに過去の犯罪を謝罪して詐取金を国家に返還するのが検察幹部のとるべき姿勢であろう。

告発がある以上、検察は捜査をして真相を解明する義務がある。

四国タイムズ

香川県と香川銀行の病根は同じ

知事・頭取の隠蔽工作が改革を阻害

香川県：中途で幕引き、未解決の問題

香川銀行 業務改善命令2回後も隠蔽

平成18年10月5日
四国タイムズ２面
香川県庁・他県の裏金問題を報じた

検察の過去を反省し、21世紀への改革の方向性を示すことを期待する。告発人は検察が本件犯罪を大局的見地から判断し、仮りにも自己保身にのみ走り事実無根なりとして否定し嘘の弁明を繰り返しても、真実が明らかになるだろうことは被告発人自身が最も良く知るところである。検察の信用は一時失墜するであろうがそれを恐れるべきではなくすべての真相を国民の前に明らかにした上、21世紀に向け前進することを期待するものである。
よって厳重処罰を求める。

そして、同年5月、さらに、加納氏が神戸地方検察庁検事正だった当時の裏金造りについても、川上氏を介して最高検察庁に告発した。

高知地方検察庁検事正当時の裏金造りの告発については高松高等検察庁、そして神戸地方検察庁検事正当時の裏金造りについては大阪高等検察庁が、それぞれ事件を捜査することになった。しかし、一向に捜査がなされる気配はなかった。

◆三井氏が実名告発する決意を固めさせた理由

起訴するか、不起訴にするか、終局処分の判断は、検察官独立の原則に基づき、主任検事個人が独任官庁として、自ら決定することになっている。とはいえ、上司の決裁を得る必要があり、実質的には役所の事務と同様である。検察組織の裏金問題を暴露する本件のような特殊な事案では、当然主任検事のみで判断できるものではない。また、高松高等検察庁と大阪高等検察庁の検事長だけで判断できるような事案でもない。最終的には、検察の頂点にある最高検察庁検事総長が判断せざるを得ない事案だ。

三井氏は、この刑事告発を契機に、検事総長が被告発人加納氏を処分したうえ、調査活動費予算を国に返還し、過去の裏金造りの犯罪については、これを明らかにして、国民に謝罪して、検事総長自ら辞職することを期待していた。一時的に検察に対する信用は失墜するだろうが、大局的見地からみれば、それしか選択の道はないと思っていた。このような選択をしていれば、検察組織が「正義」を放棄することにはならなかっただろう。しかし、結局、検察は最悪の道を選ぶことになる。

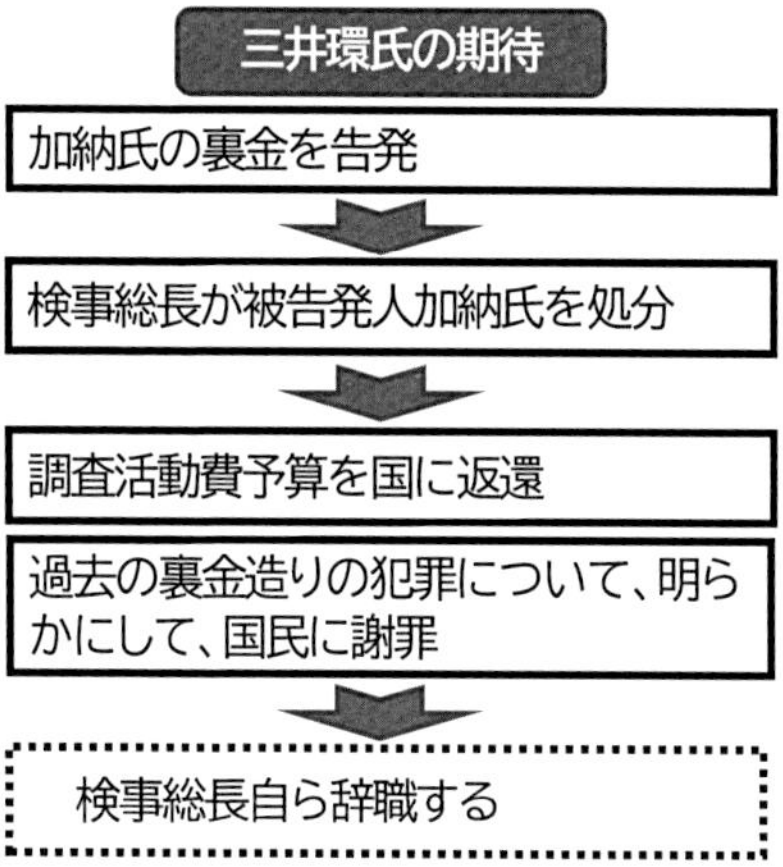
三井環氏の期待
加納氏の裏金を告発
検事総長が被告発人加納氏を処分
調査活動費予算を国に返還
過去の裏金造りの犯罪について、明らかにして、国民に謝罪
検事総長自ら辞職する

前述の刑事告発を受けて、平成13年4月、ほぼ内定していた加納氏の高松高等検察庁検事長に就任する人事が先送りされることとなった。高等検察庁の検事長の人事は、法務省が内閣に上申し、内閣が承認した上で、天皇の認証を受けて発令される。高松高等検察庁といえば、前記告発状を捜査する側である。そのトップに告発された当事者が就くことは、常識的に考えられない。そこで、同年5月、加納氏の1期後輩の宗像紀夫氏が高松高検検事長に就任することになった。

そして、同年10月、法務省は再び、加納氏の人事について、福岡高等検察庁検事長に就任する人事を内閣に上申する。しかし、これに対し、内閣は「再考」を求めた。法務省の上申に対し、内閣がクレームを付けることは前代未聞である。内閣にしてみれば、当然のことだ。刑事告発された加納氏が、その後起訴され有罪ともなれば、承認をした内閣が責任を問われる。のみならず、認証をした天皇の権威に傷を付けることにもなる。

しかし、法務省は、同年11月には、加納氏の福岡高検検事長昇任を内示する。内示したということは、再考を求めた内閣も、それを承認したということである。

この間に、いったい何があったのか？

ある司法担当記者の情報によると、原田検事総長が松尾邦弘事務次官、古田佑紀最高検刑事部長を連れて、元法務大臣の後藤田正晴氏の事務所を訪れ、**加納人事が承認されないと裏金問題で検察がつぶれると泣きを入れた**といわれている。そして、**官邸側からも（加納氏の刑事告発の）白黒をはっきりさせよ、との示唆があった**という。

これが本当なら、検察が時の政権と取引をし、大きな借りをつくったことになる。

検察は、政権の汚職を摘発する機関として、国民の期待を担ってきた。その期待に応えるには、検察が政治から独立していなければならない。しかし、検察の裏金造りの隠蔽に加担してくれた政権与党に対し、牙を向けれるはずがない。検察は弱みを握られた結果、以降、本来の役割を全うすることが絶対的にできなくなったのである。これが「けもの道」を選択した代償である。

その後、司法担当記者の情報通り、検察は、加納氏に対する刑事告発については、大阪高等検察庁が同年11月5日に、高松高等検察庁が同月13日に、それぞれ「嫌疑なし」との終局処分をし、内閣は、同日、加納人事を承認している。

三井氏は、このことを機に、個人的な加納氏に対する憤りなど、もはやどうでもよくなった。検察の裏金造りの犯罪は、検察内部では公知の事実である。にもかかわらず、刑事告発を「嫌疑なし」とし、「真っ黒」を「真っ白」に塗り替えた。犯罪を検挙して、公正適切な終局処分をすべき役割の検察が、裏金造りという組織的犯罪を犯し、しかもその犯罪を隠蔽するために、犯人隠避というさらなる犯罪を犯したのだ。しかも政権与党との【闇取引】によって。検察組織が「正義」を自ら放棄したことが、三井氏に実名告発する決意を固めさせたのである。

◆原田氏は東京高検検事長時代に「党費立替」の立件見送りを示唆していた

三井氏が刑事告発を行った平成13年は、KSD（財団法人「ケーエスデー中小企業経営者福祉事業団」（現あんしん財団））事件で、元労働大臣で前自民党参院幹事長の村上正邦氏が、受託収賄罪で逮捕・起訴された年でもある。この事件は、収賄事件だけが立件されたが、実は、村上氏らの参院選比例区の名簿順位を上げる目的で、大量の架空党員が捏造されており、党費納入として15億円余りが自民党に納入されていたという。

これらについても、当然、東京地検は捜査をしていた。

「特捜部は、本人以外の名義や匿名による政治献金を禁じた政治資金規正法の質的制限や献金上限額1億円を上回る量的制限に違反する疑いが濃厚との見方を強め、摘発に執念を燃やした。」（『安倍・菅政権VS検察庁　暗闘のクロニクル』（村山治／文藝春秋／2020年11月））

しかし、これらの立件に待ったをかけたのが、同年7月に次期検事総長に就任することが確実視されていた原田氏だったという。

「東京高検事長の原田明夫が「党費の立て替えは、KSDだけではない。宗教団体や労働組合も全部やっている。直さなければいけない問題であることはあきらかだが、捜査のメスを入れると収拾がつかなくなる」として東京地検に事実上、立件見送りを示唆したのだ。」（前掲　村山）

これらを立件すると、KSDの架空党費は闇献金と認定され、自民党は架空党費を国庫に納付しなければならなくなってしまう。政権与党との取引ネタとして十分だ。

原田氏は次期検事総長就任の話が出始めた頃から、三井氏による加納氏に対する裏金刑事告発を、就任後にどう処理するか、その落としどころを思案していたはずだ。想像すると、検察サイドとしては、裏金問題を隠蔽するために、加納氏に対する刑事告発を「嫌疑なし」とし、裏金は存在しないと記者会見したい。その為には、加納人事を内閣に承諾してもらいたい。むろん、検察の裏金問題の隠蔽に内閣が加担することになる。しかし、断れないよう、党費立替問題をあえて看過しておく必要があったのではないだろうか。

原田氏の発言にある「宗教団体…も全部やっている。」がどの団体を指すのか定かではないが、安倍元首相が銃弾に倒れた令和4年7月現在からすれば、当時、徹底的に党費立替の問題にメスを入れておけば、KSDのみならず、宗教団体と政権与党との闇献金も明らかとなり、今になって、野党がその解明に躍起になることもなかったであろう。さらにいえば、安倍氏が恨みを動機に銃撃されることも、もしかしたらなかったかも知れない。

◆三井氏の実名告発を封じる目的で、逮捕権を濫用した検察

三井氏が実名告発することを知れば、検察幹部は黙っていない。「嫌疑なし」と、裏金造りに蓋をした以上、三井氏の存在が邪魔になる。事件を捏造してでも三井氏を檻に入れて、社会的に葬るほかかない。

三井氏が大阪地検特捜部に逮捕されたのは、平成14年4月22日。

三井氏が逮捕された当日は、「週刊朝日」の山口一臣副編集長と打ち合わせの後、テレビ朝日「ザ・スクープ」の鳥越俊太郎キャスターのインタビューを収録する予定であった。現職の幹部検事が、実名で裏金を告発する姿がテレビ局のビデオテープに記録されようとする、まさにその寸前の逮捕だった。

検察幹部は、メディア、とりわけテレビの影響を恐れた。三井氏の告発インタビューが

全国放送されれば、裏金造りの組織的犯罪が白日の下に晒され、たちまち検察首脳は総辞職となり、加納氏の刑事告発を「嫌疑なし」とした犯人隠避の刑事責任が追及され、組織が崩壊しかねない。そこで、**三井氏のインタビュー収録情報を事前にキャッチした検察首脳が、自らの犯罪の発覚を恐れ、これを隠蔽するため逮捕した**というのが真相だ。

なんと恐ろしい組織なのか。加納氏の刑事告発のように、真っ黒を真っ白に変えることもできれば、全くの白を真っ黒に仕立て上げることも簡単にできてしまう。このような権力の濫用が、組織防衛のために繰り返されているのである。

読者のみなさんは、甲山事件をご存じだろうか。昭和49年に兵庫県西宮市にある「甲山学園」という児童施設で園児が行方不明になり、水死体で見つかった事件である。当時22才の保母が殺人容疑で逮捕されたが、当初、嫌疑不十分で不起訴処分となった。ところが、世論に押された神戸地方検察庁が独自に再捜査し、4年後に再逮捕、起訴することになる。世間からの批判をかわすための組織防衛目的であろう。

結果は、第1審無罪、控訴審は無罪判決を破棄して地裁へ差し戻されるが、平成10年3月に神戸地方裁判所の差戻審で再び無罪。面子を潰された検察は、2度も「無罪」を受けながらなお控訴し、同11年控訴棄却、上告断念でようやく被告人である保母の冤罪が晴れた。最初の逮捕から25年、起訴から実に21年を費やした歴史に残る冤罪事件となった。

この事件では、幸いにも裁判所が冤罪であることを見抜くことができたからよかったものの、検察が面子にかけて起訴・控訴すれば、多くの場合は、よほど優秀な裁判官でない限り、冤罪であることを見抜けずに終わる。つまり、冤罪が晴れることなく、濡れ衣を着せられてしまうのである。有罪率99・９％がそれを物語っている。

甲山事件では、冤罪は晴れたものの、25年もの時間を費やし、被告人の一生は台無しである。しかし、起訴した検事は何の責任も問われない。起訴した主任検事は、逢坂貞夫氏で、補佐が加納駿亮氏、つまり裏金造りで刑事告発された加納氏だ。実はこの２人、度重なる無罪判決を受けながら、強引な控訴をした時の大阪高等検察庁検事長と次席検事という関係でもある。その後、逢坂氏は関西検察のドンと呼ばれ、加納氏は福岡高等検察庁検事長にまで出世しているのだ。

◆三井氏の被疑

三井氏の最初の逮捕容疑は、電磁的公正証書原本不実記載、不実記録電磁的公正証書原本供用、詐欺、公務員職権濫用というものだ。

三井氏がマンションを競売で購入するにあたり、銀行ローンを組む際に、銀行担当者の要望により、融資申込と同時に住民票を移した。その時点で実際に居住していなかったことをもって、「不実記載」とされたのである。居住目的で取得する不動産取引の銀行実務では、先に住民票を移動するのが慣行となっている。こうした事案が犯罪として立件されたことは過去にない。

そして、「不実記載」の住民票を使って、登録免許税軽減を受けるための住宅用家屋証明書1通の財物を区役所から騙し取ったことを詐欺だというのだ。登録免許税法では、違法な減額措置を受けた場合、追徴金で対応することになり、処罰規定は存在しない。そこで、検察は、その予備行為である「証明書1通を区役所から入手したこと」を捉えて、詐欺罪とした。こうした事案も犯罪として立件されたことは過去にない。

公務員職権濫用については、三井氏が検察事務官に指示して、渡真利忠光氏の前科調書を入手したことをもって犯罪だという。

三井氏が競売で購入したマンションには、亀谷直人氏という暴力団組長が居座っていた。渡真利氏が亀谷組長の舎弟として、マンションの買戻しを求めてきたことをきっかけに三井氏は渡真利氏と親しくなった。三井氏は渡真利氏の秘書から、彼が詐欺罪などの前科があることを聞き、どういう前科かと思い、前科調書を入手しただけのことである。渡真利氏はこれを全く知らず、また、三井氏がこれを何かに利用したこともない。こんな事案で逮捕することなど、常識的に考えておかしい。

いずれにしても、高等検察庁の幹部検事をいきなり逮捕・勾留するだけの事件ではない。ましてや起訴しなければならない事案でもない。現職の検察幹部が逮捕されれば、検察の信用は失墜する。ましてや身内をかばうのが常である。にもかかわらず特捜部は、三井氏を逮捕・勾留・起訴した。

最初の逮捕の勾留期限が切れる直前の５月10日、検察は三井氏の公訴を提起(起訴)した。起訴事実の構図は、逮捕後の捜査で完全に崩壊しているはずだった。しかし検察は自らの面子と、裏金造りの公表を恐れて起訴した。三井氏を釈放すれば、調査活動費不正流用が白日の下に晒され、検察首脳は総辞職せざるを得ない状況に追い込まれる。それをさせないため、１日でも長く檻の中に三井氏を封じ込めておく必要があった。そのための起訴だ。

当時の森山眞弓法務大臣は、裁判結果が出る前に、起訴事実をもって、三井氏を懲戒免職処分としている。推定有罪を法務大臣自身がやってのけたのである。裏金造りの「口封じ逮捕」との多くの識者の非難を封じ込める必要性から、そうしたのであろう。

そして、検察組織は、前記起訴した同日である5月10日に、三井氏を収賄容疑で第２次逮捕をした。三井氏が渡真利氏からクラブでの飲食やデート嬢による接待を含む30万円相当の接待を受け、その見返りに暴力団関係者の捜査情報を提供したというのである。

最初の逮捕容疑だけでは、あまりに微罪で、露骨な口封じ逮捕だと批判されることから、それを防ぐため、第2次逮捕で、三井氏が悪徳検事だとの印象操作をしたかったのだろう。

そこで、検察は、前科12犯の詐欺師で暴力団の舎弟である渡真利氏を巧みに利用した。三井氏が収賄で起訴されるなら、贈賄側の渡真利氏も当然起訴されるはずである。しかし、渡真利氏は起訴されていない。このことから、検察は、渡真利氏に対し、不起訴を餌に、三井氏を陥れるための虚偽供述を得たと推認できる。収賄に関する証拠は、渡真利氏の供述しかない。典型的な冤罪パターンだ。

三井氏は実名で、現職の高検公安部長の肩書のまま、原田検事総長以下、約60人に及ぶ検察幹部が虚偽公文書作成、同行使、詐欺などの犯罪を犯していた、その事実をマスコミを通じて世間に公表しようとした。その矢先に、逮捕されたのである。検察は、犯罪を告発しようとしていた人物の身柄を意図的に拘束し、悪徳検事の汚名を着せた。明確な口封じの目的(犯意)をもって逮捕・勾留・起訴したのである。

これらは犯人隠避罪にいう「隠避行為」に該当すると考えられる。令状主義の精神を没却する、捜査権の濫用であることはいうまでもない。

◆もう一人の実名内部告発者

三井氏が逮捕された当日、原田検事総長、森山法務大臣が記者会見をしている。そこで、「検察の組織的な裏金造りは事実無根である。そもそも存在しない。」旨、虚偽発言をしている。検察内部では公知の事実として知られる裏金造りについて、国民に大嘘をついたのである。これに対する違和感、危機感から、元副検事の高橋徳弘氏が勇気ある行動に出る。平成14年5月7日に文藝春秋と新潮社の2社に実名で裏金の事実を告発する手紙を送った。この手紙は、三井氏の刑事裁判に証拠として提出されている。

拝啓

陽春の候、貴社ますますご盛栄のこととお喜び申し上げます。

突然ですが、私は平成８年まで、検察庁に副検事として勤務していた者です。つい最近、大阪高検の公安部長が逮捕される事件に関連して「調査活動費」の件が再度クローズアップされているようですが、私自身、検察庁勤務時代から数年にわたって「調査活動費」に係わっていた時代があります。

今回の事件で、森山法相は、調査活動費について「かつてそういう話が出た時、調査して事実無根との結果が出ている」との見解を示しました。法相自身「調査活動費」の実態を知っていての答弁か、どうかは分かりませんが、これ以上嘘で塗り固めた実態を放置する訳には行かないように感じております。これまで週刊誌が「調査活動費」の疑惑を取り上げているのを2度ほど見ました。その際は、20年も世話になった検察を裏切れない、との思いが私を支配しており、どうしても自分が体験したことを公表する気にはなれなかったのです。

もちろん、この告白は、私自身が「公金流用」の片棒を担いだ点で、業務上横領の共犯者になることは間違いありません。辞職しなければ今も検察庁に在籍し、口が裂けても口外するようなことはなかったと思います。加えて、退職した現在でも、当時の同僚や先輩諸氏には「裏切った」と思われたくないというのが本音です。しかしこのまま疑惑だけで終わってしまえば、国民の皆様は永久に真の実態を知らずに終わってしまうことになります。過去の罪を清算すべく「公金流用」が事実無根ではなかったことを証明しようと筆を執りました。

なお、私が担当していた部分は、領収書の偽造で、当時依頼された文書と領収証などを持っています。私には名前が2つあったのです。その名前も特定できますので、当時、私が勤務していた検察庁をお調べいただければ真実が明るみに出ると思います。

ご連絡頂けば、更に詳細な話と証拠書類をご提供いたします。

なお、検察庁に勤務していたことを証明するものも同封いたしました。

敬具

高橋氏は、検察事務官として採用された後、仙台地方検察庁、仙台高等検察庁を経て、平成3年に副検事選考試験に合格し、米沢区検、鶴岡区検の副検事を務め、平成8年3月に退職するまで約20年にわたって検察庁に勤務してきた。ありのままの事実を公表することこそが、検察としての正義であり責任であると、そう手紙が訴えかけてくる。

検察の裏金問題については、仙台市民オンブズマンも追及をしてきている。情報公開に応じない仙台高等検察庁を相手取り、文書不開示の処分取り消しを求める行政訴訟を起こし、その裁判で、三井氏と高橋氏は証人として出廷している。

ここでは、高橋氏が同民事裁判で提出した「陳述書」の内容を一部抜粋して紹介したい。

これまで私は「調査活動費」の記事を週刊誌で何度か見かけたことがありましたが、自

分が体験してきたことを公表する気にはなれないでおりました。
本年４月23日、新聞で大阪高検の公安部長が逮捕されたことを知りました。さらに、その検事が「調査活動費」のことを内部告発する矢先の逮捕だったことも知ったのです。新聞の全体的な印象としては、口封じ的な逮捕を思わせるような記事だと感じました。（中略）
ただ、私が見た新聞記事には森山法務大臣のコメントが掲載されており、そこには「調査活動費については、すでに調査済みであり、事実無根です」というような内容が書かれていたのです。この記事を見た瞬間、私の気持ちが動きました。「それは違う」と、心の中でつぶやくような感じです。それと同時に、「国が、このような嘘で、国民を欺いてはいけない」と思いました。
ましてや検察庁は人の人生を変えてしまうような職種で、一点の曇りも許されないところです。それだけに、真実を曲げるようなことは許されません。このまま嘘をつき通して、国民を騙し続けようとする姿勢に、これではいけない、と感じました。（中略）
自分は誰に中傷されようとも、「調査活動費」について、私が経験した事実を世間に公表しようと決意したのです。（中略）
これから話そうとしている「調査活動費」の不正流用については、私自身、犯罪の片棒を担いでおりますので、弁解の余地はないものと思っています。（中略）
私が最初に調査活動費の不正流用に関わったのは、仙台高等検察庁の庶務課に籍を置いていたころでした。当時の庶務課長から「調査活動費」の不正流用をするための領収書の偽造を頼まれたのです。私が「調査活動費」の不正流用を前提とする領収書の偽造に初めて手を染めたのがそのころでした。

「絶対、秘密を守ってほしい」という前提のもとに、領収書の偽造を頼まれました。その領収書に「高橋正彦」と書いて高橋の印鑑を押すように指示されました。その時に書いた領収書は30枚から50枚はあったかと思います。領収書の偽造の方法は3種類ほどのペン、たとえば、ボールペン、万年筆、サインペンなどを用意して、その数十枚を適宜ペンを変えて書きました。

仙台高検の庶務課以外にも、仙台地方検察庁の証拠品係長時代、同古川支部の検察官事務取扱時代、米沢区検の副検事時代に、いずれも30枚から50枚の偽造領収書を作成して、当時の事務局長に送り返しております。これら偽造に関する書類を一部保管しております。偽造領収書の実物や偽造領収書の書き損じをしたものなどです。(中略)

私自身、当初から領収書の偽造が「調査活動費」の不正流用に利用されるものであることは承知しておりました。ですから、有印私文書偽造はもとより、詐欺の罪まで責任があるものと思っております。

検察庁は本来、法を律するところです。そのような立場にありながら、私自身犯罪行為に手を染めてしまっていたことは、本当に申し訳ないことであり、国民の皆様にお詫びしなければなりません。そして検察庁もまた、真実を告白して、国民に謝罪すべきであると考えています。そうでなければ、犯罪人を真の正義で咎めることはできません。

という内容である。同民事裁判では、高橋氏の供述の信用性が高く評価された。判決では、「少なくとも昭和58年から平成５年にかけて、仙台高検の調査活動費に関して、本来協力者が作成すべき領収書が偽造されていたことが認められ、あえて偽造までしていることからして、調査活動費が何らかの不正な使途に流用されていたものと推認されるところである。」と調査活動費の不正流用の事実が認定されているのである（仙台地裁平成15年12月１日判決）。

5、刑事裁判

◆刑事裁判のゆくえ

最高裁判所は、検察の起訴（公訴の提起）が無効となる場合として、「公訴の提起自体が職務犯罪を構成するような極限的な場合に限られる。」と極めて限定的な立場をとっている（最高裁昭和55年12月17日決定）。

もっとも、三井氏に対する検察の行為は、前述の通り、口封じ目的の逮捕・勾留・起訴であり、犯人隠避罪を構成する。これが「職務犯罪を構成するような極限的な場合」でないのであれば、いったい何をもって、「極限的な場合」というのであろうか。

三井氏に対する刑事裁判の一審で、三井氏は、裏金告発の口封じ目的で逮捕・起訴した検察の行為は公訴権の濫用にあたり、公訴棄却されるべきだと申し立てた。

　これに対し、検察は組織的な裏金造りの犯罪については、一切答弁をしていない。裁判の土俵に乗せることを意図的に避けたのである。検察は法廷においても裏金造りの犯罪を隠し続けたのだ。

　これに対して、平成17年2月1日、一審の大阪地方裁判所は、次のような判断を示した。

「被告人が供述する調査活動費不正流用の有無は社会的に重大な問題であるところ、被告人は、前述のとおり、高知地検あるいは高松地検の次席検事を歴任し、調査活動費の使用実態を知り得る立場にあった。そして、その供述は、相応に具体的である。また、関係証拠中には、調査活動費の経年変化等、被告人の供述に沿う証拠も存在する。一方、法務・検察当局においても、本件前後の報道状況等に照らし、調査活動費の不正流用問題には関心があったと思われるところ、法務・検察当局がこの問題を否定するのに対し、上記のとおり、その使用実態を知り得る立場にあり、かつ、現職の高検幹部検察官である被告人が、自らの体験に基づき不正流用を認めることになれば、それは、大いに社会の耳目を集めることになる。このような中で被告人は逮捕されたのであるが、その当時、被告人が報道関係者と頻繁に接触し、現職のまま実名でそのような発言をするための準備を進めており、しかも逮捕当日の午後にはテレビ撮影の予定があったことなどの諸事情に照らすと、本件の捜査・公訴提起について被告人及び弁護人らが「口封じ」の意図に基づくものであると主張するのも、無理からぬところである。」（傍線は筆者）

つまり、三井氏の逮捕が裏金造り告発の口封じであることに、裁判所は理解を示したといえる。しかし、公訴棄却の判決とはならなかった。三権分立、司法の独立からすれば、当然に司法が行政の暴走を断罪すべきだ。公訴棄却の判決をすれば、検察組織を完全に崩壊させることになる。一時的には社会に大きな混乱をもたらすかもしれない。しかし、口封じ目的の公訴の提起が公訴権の濫用にあたると、ありのままを認定するのが司法のあるべき姿だ。しかし、本件の裁判官にそこまでの勇気と決断力はなかった。公訴棄却の判決は、自らの出世を捨てる覚悟がある裁判官でなければできないだろう。司法権の独立の限界事例である。

続いて平成19年1月に、控訴審である大阪高等裁判所の判断は次のように示している。

「被告人は、高知地検あるいは高松地検の各次席検事を歴任して、調査活動費の使用実態を知り得る立場にあったとして、調査活動費の不正流用の事実を具体的かつ詳細に供述しているところ、その供述内容は、上記の内部告発文書、調査活動費の経年変化等とも整合した自然かつ合理的なものとして信用を肯定すべきものと考えられるのであり、被告人が直接体験した限度では、当該検察庁において調査活動費の一部を不正流用していた事実があったものといわざるを得ない状況にある。」

「検察当局としては、この調査活動費の不正流用問題がマスコミの注目を集め、過熱化する状況にある中で、その使用実態を知り得る立場にあった現職の高検幹部検察官である被告人において、テレビ報道を通じるなどして、不正流用の事実を自らの経験に基づき、生々しく語るということにでもなれば、大いに社会の耳目を集めて、検察庁の威信を失墜させることになりかねないと憂慮していたであろうことは、容易に推認されるところである。」

（傍線は筆者）

つまり、検察が裏金造りをしていた事実があり、三井氏の告発を検察が心配していたということを、裁判所は認めているのである。しかし、一審と同様、公訴権の濫用とまでは踏み込まなかった。これが三権分立が機能していない日本の現実である。

◆検事総長が「裏金」の存在を認めていた！

原田検事総長は、平成14年5月『週刊朝日』の取材に対し、検察の調査活動費の不正流用の実態について「昔はありました。でも今はやってません。昔、ひどい使い方をしていたのは事実です。私も問題だと思ってましたから…」（『週刊朝日』5月17日号）と答えている。

しかし、「4月22日の逮捕後の記者会見では、原田明夫検事総長も森山眞弓法相も『事実無根』と否定していた。これはいったいどういうことか？」と編集部から問われ、原田検事総長は、「あの発言は、現在はやっていないということで、過去にさかのぼった話ではない」と述べ、不正流用、すなわち裏金作りの存在を認めていたのだ。

また、なぜ検察は今まで調査活動費の不正流用につき、知らないふりをしていたのか、という問いに対しては、「それはまあ、組織防衛上しかたがなかった」と述べている。

しかし、組織的犯罪を隠し続けることが組織防衛になるはずがない。不正の隠蔽は組織の腐敗をさらに増大させる。そして、実際、検察は隠し続けるために数々の犯罪を重ねなければならなくなった。また、政権与党と裏取引をする必要性にも迫られた。検察の魂であるはずの「正義」が骨抜きとされたのである。いったいどこが【組織防衛】なのか。

三井氏が第一次逮捕で起訴された直後、森山法務大臣は指導監督を怠ったとして、原田検事総長を「戒告」、大阪高等検察庁大塚清明次席検事を「減俸3ヵ月」の懲戒処分とした。原田検事総長は歴代総長で初めて戒告処分を受けた。だが、辞職することはなかった。大塚次席検事はその後高松高等検察庁検事長、仙台高等検察庁検事長へと栄転している。

検事が減俸3ヵ月の懲戒処分を受ければ、後に出世は考えられない。通常、辞職する。しかし、現実は栄転している。懲戒処分とは名ばかりであり、実質的には、口封じ逮捕による【組織防衛】の功績が、栄転をもたらしたといえよう。

（文責 川上 道大）

参考文献等

『告発！　検察「裏ガネ作り」』（三井環／光文社／２００３年5月）
『日本の裏金（下）―検察・警察編』（古川利明／第三書館／２００７年2月）
『検察との闘い』（三井環／創出版／２０１０年5月）
『「権力」に操られる検察』（三井環／双葉社／２０１０年7月）
『検察の大罪―裏金隠しが生んだ政権との黒い癒着』（三井環／講談社／２０１０年7月）
『安倍・菅政権 vs 検察庁　暗闘のクロニクル』（村山治／文藝春秋／２０２０年11月）
「仙台高検・仙台地検の裏金問題」インターネット・ブログ（弁護士　坂野智憲）
http://www5b.biglobe.ne.jp/~j-sakano/kensatuuragane.html

第3章　裁判所の裏金

生田　暉雄

1、裁判官の統制

◆裁判官統制の方法

権力によって支配されることがないように、裁判官は身分が保障されています(憲法七八条)。ところが実は裁判官は見事なばかりに統制されているのです。裁判官は、他律的・自律的に統制されて、「良心に従って独立して職権を行使」(憲法七六条三項)できなくなっているのです。裁判官の統制、それもヒラメ裁判官問題については、相当の期間裁判官を経験した者は、多かれ少なかれ、経験していることです。

彼らが自らの経験を公表することが、日本の裁判所を国民のための裁判所にするためには不可欠です。

ところが、「勝ち組」の裁判官は、あえて公表する必要性を感じないし、「負け組」の裁判官は、公表することはプライドが許さない、というのが、真実かもしれません。

しかし、この問題は個人的な利害を超えた日本の裁判に内在化した恥部として公にされ、主権者が、真剣に改革に取り組むべき問題なのです。

改めて整理してみましょう。

裁判官を統制するやりかたには次の二つがあります。

(A) 個々の裁判(法廷)に干渉する。

(B) 裁判官個人を統制する。

しかし（A）（裁判への干渉）ですと、たとえそれが内部的にされたとしても（例えば長沼ナイキ訴訟では担当裁判官に対して、担当外の上司たる地裁の所長が、国に不利益な判決を出さないように圧力をかけた）外部に露呈する危険があり、司法に対する国民の信頼を失います。それに何よりも効率的ではありません。

それでは（B）（裁判官の統制）はどうでしょうか。これも二つの方法があります。

①他主的方法—例えば、規則・通達・裁判官会同・協議会等によって他律的に統制する。

②自主的方法—裁判官が当局の思惑を積極的に先取りすることによって主体的に統制に服するだけでなく、当局の趨勢を先取り競争させることによって自主的に統制に服していかせる。

裁判官を統制する方法

(A)個々の裁判(法廷)に干渉する

例)長沼ナイキ訴訟

(B)裁判官個人を統制する

①他主的方法

規則・通達・裁判官会同・協議会等

②自主的方法

裁判官が当局の思惑を積極的に先取りする、当局の趨勢を先取り競争させ、自主的に統制に服していかせる。

この二つを比べてみますと①（他主的方法）も（A）と似て外部に露呈する危険性がないとはいえず、一旦外部に露呈すれば、司法権の独立・裁判の独立の観点から取り返しのつかない大問題となります。

そればかりか、裁判の独立を盾に他律的統制に従わない裁判官が出てこないとも限りません。また統制に多大なエネルギーを要する。いずれにしても裁判官を全面的に統制する方法としては万全のものとはいえません。統制に服する裁判官と服さない裁判官が生じたのでは、裁判の混乱を来し（例えば、水害訴訟等で区々の裁判がされる事態など）結果的には統制に失敗します。となりますと、かたちとしては司法権の独立と裁判の独立が認められた日本のような社会で、なおかつ裁判官を統制するための唯一の方法は、**②（自主的方法）のような「裁判官を自主的・主体的に統制に参加させていく方法」以外にはない**ことになります。

そのための条件整備としては、裁判官の政治活動の自由、団体行動の自由、市民的自由を全く無くすること。また、不服申立等の手段一切を封じることです。この点に関しては多少の非難をともなっても強引に遂行する以外にはない。この整備がととのったのが一九七〇年代の終りごろです。それ以降「自主的統制時代」に入ったといえましょう。

以下、日本の裁判官はなぜ「ヒラメ裁判官」になるかを検討しましょう。

わが国の裁判所は、全国を一元的に統括する最高裁によってピラミッド型に組織化されています。州ごとに最高裁があったり（アメリカ）、通常裁判所・行政・労働といった裁判の種類ごとの最高裁があるところ（ドイツ）とは異なり、最高裁が内部的に裁判官や裁判に対する管理・統制をしようと思えばそれが容易であり、事実また強力に遂行できるのです。

次に、わが国の裁判官はすべて、キャリアの官僚裁判官です。裁判官が選挙によって選任される（アメリカ）こともなければ、西欧諸国のような陪審制・参審制の制度もなく、裁判員制度はありますが、国民は司法に参加しているとは言い難いものがあります。（裁判員制度については、後述します）

またわが国の裁判官は、西欧諸国の裁判官のように政党員になったり、政治活動をすることは事実上できません。フランスなどでは裁判官が労働組合を結成できますが、日本では法律上はともかくとして事実上できません。またドイツでもフランスと同様で、裁判官が団体活動や政治活動をしていますが、日本ではできません。だから日本の裁判官は、最高裁の管理・統制に対して団体行動をとることもできないのです。

その上、日本の裁判官は市民的自由もなくて、自主的研究活動もできません。一九六五年には「青年法律家協会（青法協）裁判官部会」に多くの裁判官が加入していましたが、加入していた裁判官は、最高裁から「望ましくない」として弾圧を受け、現在はこの部会は存在しません。また、良心的な裁判官が自主的に研究する「裁判官懇話会」でさえ、それに参加する裁判官は陰に陽に最高裁から差別的な待遇を受けて、今では解散しています。

それればかりではありません。裁判所法によれば、裁判に関する事務や裁判所職員の人事などの司法行政事務は裁判官会議で決めることになっています。ところが、一九五五年頃から最高裁の強力な「指導」により、裁判官会議が形骸化してしまいました。こうして各裁判所の自立性・自主性は失われ、所長を通じて最高裁が管理する体制が出来上がったのです。

それに加えて、一般職の国家公務員であれば、国家公務員法や人事院規則によって、自己の不利益な待遇に対する不服申立の手段があるのですが、これらの規定は裁判官には適用されないと解されています。しかもドイツなどでは、監督権限をもつ者による裁判官評価（能力査定）は、本人に開示して弁明の機会が与えられますが、日本ではそのような運用は一切されていません。

これらの諸条件から、最高裁は国民の目に触れることがないまま秘密裡に裁判官を管理・統制できるのです。


こうしてみてきますと、裁判官の身分保障の実態がどのようなものであるかご理解いただけるでしょう。裁判官の独立や身分の保障は、単に形式として憲法上保障されているにすぎません。なるほど外部からの司法権の侵害にはこれでも対抗できましょうが、内部からの個別の裁判官に対する侵害への具体的な制度的・予防的な措置は皆無です。「全く無保障・無法状態」であり、「侵害し放題」といえるのです。

裁判所の現状を要約しますと、

「最高裁が全国の裁判所を一元的に管理・統制し、国民の司法参加が一切なくて裁判官は国民から遮断されており、裁判官は団体行動や市民的自由を含むあらゆる自由のない状態におかれ、身分保障の前提となる自己の評価について、その理由を開示されることもなく、また不服申立の手段もない、いわば内部的な侵害に対しては無権利状態ともいえる状況下に置かれている」

ということになります。したがって、裁判官は個々的にひたすら最高裁の「正当な評価」に期待する以外にありません。

このような状況下で、最高裁がさらに評価を濫用して、名誉・生きがい・生存権の基礎である転勤・報酬を利益誘導的・差別的に実施すれば、裁判官は差別を受けることを避け、有利に扱われようと、自己の潜在能力をよりよく評価してもらうためのあらゆる努力をします。積極的・自主的に管理・統制に参加していくわけです。

これが、「司法権の独立－裁判官の独立が、外部的には存在しているように見えながら、国民の目に見えないところで、内部的に、秘密裡に崩壊していってしまっている仕組みとカラクリです。

2、裁判員裁判も問題点

◆裁判員制度

ここで裁判員制度に触れておきましょう。

1、制度の趣旨

司法制度改革の一環として制定された「裁判員の参加する刑事裁判に関する法律」平成16年法第63号によって制定された制度です。当初は陪審制度が検討されていましたが、この裁判員制度は、陪審制度とは全く似ても似つかない。全く関連の無い制度です。裁判に対する市民参加といわれていますが、これに疑問を呈する見解もあります。

2、制度の構成

国民の中から選任されて、裁判官と共に一定の刑事事件につき刑事訴訟手続に関与する者。対象となり得る事件は、死刑又は無期懲役若しくは禁錮に当たる罪に係るもの等であり、原則として、裁判官三人と裁判員六人で合議体を構成するが、公判前整理手続を経て、公訴事実につき争いが無いと認められるなどの要件が満たされた場合には、裁判所の決定により、裁判官一人と裁判員四人で合議体を構成する。

3、裁判員の権限

有罪・無罪の判決等における事実の認定、法令の適用及び刑の量定は、合議体を構成する裁判官との合議によってされるが、法令の解釈に係る判断や訴訟手続に関する判断等は、裁判官によってされる。その選任は、終始の選挙権を有する者の中から、同法の定めるところによって行われる。

４、陪審制度との違い

陪審制度とは、司法手続において、選ばれた一般人からなる陪審員が、事件の事実関係につき証拠に基づいて審理し、評決して裁判官に答申します。要するに陪審員は、有罪か無罪かの認定をするだけで、それ以上の手続には参加しません。

陪審員の答申を受けた裁判官において、裁判官はこれに基づいて法律的判断を行い、また刑を量定して判決を言い渡す制度です。このように、陪審制度では裁判官と陪審員双方の任務分担がはっきり分かれ、互いの独立性を尊重し合うことが鉄則となっています。

◆裁判員制度の問題点

この点については、伊佐千尋・生田暉雄編『裁判員拒否のすすめ』（ＷＡＶＥ出版）を是非ご一読されることをおすすめします。

裁判員制度の問題点は９点あります。前同書１４０頁～１４１頁。

裁判員法そのものにも「市民参加制度」という観点から検証すると、解決できない多くの矛盾があります。それを見ていきましょう。

①裁判員候補者名簿に記載されたとき、質問票へのウソや質問時のウソには50万円以下の罰金、30万円以下の過料、質問時の返答拒否には30万以下の過料、呼び出しや宣誓への拒否は10万円以下の過料になっています。しかし、裁判員を希望したわけではなく、抽選

で裁判員候補者になっただけの人に、なぜ罰則で強制するのでしょうか？　これは、憲法18条の「その意に反する苦役」として憲法違反の可能性もあります。

②公判前整理手続の導入

裁判員制度のために考案され、これと一体不可分の「公判前整理手続」にも大きな問題があります。この手続において、裁判の争点の整理を行い、証人や証拠（自白調書も含む）採用を決定します。裁判員の関与しないところで、非公開でこれらのことが決められるのです。しかも審理期間は長期に及びます。この間、検察官や弁護人の主張や証拠が詳細に審理されます。そのため、公判前整理手続が終わった段階で、「結論（判決）はもう決まってしまったのではないか」といわれるほどです。

裁判の実質は公判前整理手続で決まるわけです。公判の裁判は単なるセレモニーに参加しているに過ぎないのです。裁判員はこのセレモニーに参加しているだけです。裁判員制度の創設により、公判前整理手続という捜査、訴追制度を裁判の実質において極めて有利な地位に押し上げることになりました。それも非公開の手続においてです。

裁判を真実追及から更に遠ざける制度が出来たのです。それだけではありません。日本の捜査制度は民主主義国というにはほど遠い制度でした。そもそも捜査の依って立つ「捜査法」がありません。諸外国のように捜査の3段階制度も無く、捜査の国民に対する責任態勢を全く欠いています。その捜査を公判前整理手続で裁判制度上極めて有利な地位に押し上げたのです。このことも裁判員制度創設の当面の大きな狙いの一つです。

　この公判前整理手続で、出すといわなかった証拠を公判で出すことは原則としてできません。

③なぜ、自分は犯人ではないと争っている被告人に対してさえ、３日間の審理で死刑にするような強権的な裁判をするのでしょうか？

④評決に裁判官１人以上が与していないと有効な評決とはなりません。これは「裁判員法67条の謎」（２００7年7月17日付東京新聞『特報』欄で掲載）といわれるのですが、なぜこのように裁判員を軽視するような仕組みになっているのでしょうか？

⑤裁判官に対してさえ、公務員一般としての守秘義務のほかに罰則で強制されていないのに、裁判員には守秘義務（裁判員法70条、１０８条）を課し、罰則をもって評議内容の漏洩を防止しようとするのはなぜなのでしょうか？

⑥捜査手続を改善しないまま、公判前整理手続に参加もできない裁判員が、裁判に参加することによって、冤罪の防止にどのように役立ち、裁判の内容がどのように変わることが求められているのでしょうか？

　しかし、公判前整理手続の時点では検察側と弁護側の手元にある証拠に絶望的な差があります。検察側には、強制力を使って多数の捜査官が集めた膨大な量の証拠があるからです。これでは、有罪ははじめから決まっているようなものです。これまで、弁護人は、検察官提出証拠を公判廷の反対尋問で詳細に検証し嘘や矛盾を発見すると、反対証拠を出して嘘や矛盾を明確にすることによって有罪証拠を崩し、無罪に至るという弁護活動を行ってきたのですが、裁判員裁判でこれが困難になったのです。

このように検察側が圧倒的に有利な公判前整理手続が終わったあとに、裁判員が選任され公判が始まり、原則として数日間の審理で有罪・無罪の事実認定と、法律の適用、及び死刑か懲役かの量刑判断をし、判決（ときには死刑判決）を言い渡すことになります。

公判前整理手続は、裁判の公開（憲法37条）違反です。「市民参加」のために裁判の基本原理を失わせる矛盾はどう解したらよいのでしょうか？

裁判員に何を期待しているのでしょうか？

⑦裁判員はなぜ陪審員のように、有罪か無罪かの審理だけでなく量刑にまで参加するのでしょうか。

⑧裁判員は判決に署名はしません。死刑という重大な判決をしながら、なぜ責任の証拠を明らかにしないのでしょうか？

⑨最高裁は、裁判員制度の宣伝のため、27億円もの膨大な費用（「月刊現代」２００７年4月号魚住昭氏の記事）を使うのみならず、電通その他と結託して違法なやらせのタウンミーティング（「週刊金曜日」２００７年2月16日号、2月23日号、3月9日号、3月16日号、3月30日号、4月6日号）をしています。市民にとって有意な「裁判に対する市民参加」の制度であれば、なぜ、タウンミーティングのやらせまでして宣伝しなければなら

ないのでしょうか？

裁判員制度を「市民参加」と解するには、これほど根本的な矛盾があるにもかかわらず、どうして「市民参加」といっているのでしょうか？ 何かを隠そうとしているとしか思えないのは私だけでしょうか？

◆裁判員制度・制定の真の狙い

これまで、裁判員に関する類書では、裁判はどうあるべきかといった裁判のあり方の視点から、裁判の市民参加、あるいは市民が死刑等極刑の判断者として裁判員の職に耐え得るか、といった観点からのみ論じられてきた傾向が見られます。

しかし、裁判員制度は裁判のあり方の視点のほかに、市民が裁判員として裁判に参加することと自体による市民に及ぼす効果という視点の検討も必要不可欠です。

市民が裁判に参加すること自体による市民に及ぼす効果として、その１つは、市民が裁判員になることで、権力者として振る舞うことによる爽快感（以下「爽快派」という）を得ることが考えられます。

爽快派の存在については、歴史的には関東大震災における、市民による自警団が、権力者として振舞えるということで、嬉々として朝鮮人に対する暴力行為を行ったことで証明済みです。

最近では、ブログなど、ネット上で他人を中傷する人々の心理も、インターネットをはけ口とした一種の権力行使の爽快感だといわれています。

その2つ目は、強権的裁判に市民を強制的に参加させ、国家権力の強大さ、恐ろしさを体験させて、国家権力に従順な市民を養成する（以下「従順派」という）ことが考えられます。

爽快派、従順派のいずれも、権力者にとっては、非常に都合のよい味方です。これらの人々の増加は権力行使を非常に容易くさせます。権力者にとって、爽快派、従順派の増加を待望する事態が山積しています。裁判員制度は、市民を裁判員にとっかえひっかえすることで、爽快派、従順派を増加させようとしていることが十分考えられます。

裁判員制度の対象となる事件は2007年（平成19年）で基準にすると年間2600件前後、刑事事件全体の3％です。そしておおよそ4900人に1人の割合（多い大阪などでは2800人に1人）で、裁判員になります。ですから、市民をとっかえひっかえ裁判員にして教育することができるのです。いわばマンツーマンに近いやり方で、これだけ有効に市民を教育できる制度は他には考えられないでしょう。

それだけでなく、裁判員制度によって発生した爽快派、従順派による働きかけが、爽快感、従順派を拡大再生していくことが十分に考えられるのです。

裁判員制度が裁判に対する市民参加としてはあまりに疑問が多過ぎます。裁判のあり方の視点からだけでなく、視点を変えて市民が裁判に参加すること自体による市民に及ぼす効果の視点、爽快派、従順派の視点からも検討すべきなのではないでしょうか。

その場合、社会、経済情勢の悪化、社会の暗さは爽快派が増える重大な要因になります。裁判員制度による爽快派の増加は今後の社会情勢から軽視できない事態になりかねません。

また、爽快派を喜ばせる方法は簡単です。裁判員に大きな権限を与えればよいからです。有罪か無罪かを決める権限だけでなく量刑の権限も与える。争っている被告人を短い期間で死刑にできることにする。これらは爽快派を喜ばせることに十分でしょう。

当局が考える問題点は、どのようにして爽快派、従順派を増加させるかということです。裁判員法を丹念に見てみますと、ほとんど全て、主として、従順派を増加させる手段となっていることに驚かされます。

以下、爽快派、従順派の増加といった視点も加味して裁判員法を検討してみると、先に述べた諸矛盾は全て見事に氷解します。

先に述べた諸矛盾のうち、裁判の強権化と教育の反動化との関連は後述することにして、まず捜査の改善の点に触れますと、第2章でも詳述しているように、日本の刑事裁判の冤罪多発の根本原因は、捜査が自白偏重になっていることにあります。

すなわち、①諸外国ではせいぜい２～３日にすぎない被疑者の身柄拘束期間が日本では

23日と桁違いに長期間であること、②捜査機関が被疑者をいつでもどのような時間帯でも取調べ可能にするために警察留置場を「代用監獄」にしていること、③起訴するまで被疑者は保釈される権利がないこと、④弁護人の取調べへの立会権、取調べ状況を可視化するビデオ撮りや録音も認められていないこと、⑤弁護人による被疑者の接見についても捜査機関の制約が甚だしいこと、などの問題が指摘されています。

日本は、国連や諸外国から「人権後進国」ぶりをたびたび指摘され、2007年（平成19年）5月には、国連拷問禁止委員会から、刑事手続、拘禁の改善を強く求める勧告を受けています。

このような捜査のあり方を改善せずに「市民参加」も何もあったものではありません。国連及び諸外国から非難を受けている、この極めて遅れた捜査構造を改善しないまま「市民参加」を謳っていること自体、裁判員制度が「裁判に対する市民参加」でなく、「市民参加」を名目とした他の目的のための制度ではないでしょうか。

◆裁判所を「従順な国民の養成所」に

質問票にウソを書いたときの処罰が、処罰するとしてもせいぜい少額の過料程度でよいものが厳しい罰になっている点については、裁判員制度が単なる市民のための権利として市民サイドからもうけられた制度ではないことを端的に物語っています。市民はウソなどつかず参加する義務があるといっているわけですが、なぜこのように市民の参加を強制するのかという点から見ても、裁判員が制度によって市民に対して何かを強制しようとしていることを疑わせます。公判前整理手続きは、裁判員制度における市民の負担軽減という名もくに、「裁判の公開」という国民の最も基本的な権利を奪うという重大な問題を提起しています。市民の負担軽減が理由であれば、公判審理が長引けば裁判員に交替を要求する権利を認めれば済むことです。

裁判の公開（憲法37条）原則違反の公判前整理手続きをもうけたこと自体、裁判員制度が「裁判に対する市民参加」といった市民のための制度ではないことは明らかです。そして、裁判員制度を口実に、国民の裁判を受ける権利（憲法32、37条）を剥奪したのです。

無実を主張している被告人に対し、わずか3日間の審理で死刑を言い渡すことを体験した裁判員の中には、恐ろしさのあまり失神する人が出るかもしれません。しかし、この点が裁判員制度のいわば眼目なのかもしれません。国家権力がこのように強権的で恐ろしいものであることを裁判員に体験させ、国家権力に従順な国民を養成する絶好の機会ではありませんか？

「裁判に対する市民参加」が真の目的であれば、死刑等の重罰の刑事裁判に市民を参加させる必要はなく、もっと軽い刑の刑事裁判への参加でいいはずです。また、本当は刑事裁判よりも行政裁判や対企業裁判に「市民の視点」が要求されているのですから、そのような裁判にこそ市民を参加させるべきなのです。この点から見ても、裁判員制度の目的が

「裁判に対する市民参加」でないことが明らかです。裁判による従順な国民の養成にあることが明白です。

A　裁判官の守秘義務に罰則がない理由

裁判官の守秘義務について、国家公務員法上の守秘義務の適用があるのか否か争いがあります。

なぜ、裁判員に対する守秘義務に重罰を科すのか（裁判員法67条）については、評議中に、官僚裁判官に刑罰がないのは、裁判員の指導官たる裁判官が、強権的に裁判員を指導したことを部外に漏らすことは考えられないからです。

この裁判員に対する守秘義務の重罰化は裁判員と裁判官との評議が「対等」ではなく、「評議」に名を借りて官僚裁判官による裁判員（市民）の教育がなされることを予想しているといえるでしょう。

裁判員が参加しても裁判は変わりません。有罪が増え、刑が厳しくなるとの報道もありますが、それ以前に、捜査手順を改善しないまま、公判前整理手続きに参加もできない裁判員を何のために裁判に参加させるのか、その意味が不明です。裁判官の指導を通して、国民を裁判の中で教育する制度、つまり、国民を国家権力に従順な国民に仕立て上げようとしているとしか考えられないでしょう。裁判員に有罪かの判断だけでなく、極刑までの権限を与えたことは、一方では爽快派対策であり、他方では従順派対策であることが明らかです。

裁判員が判決に署名しないのは、裁判員の関与が判決に影響するほど重要ではないことを、当局が自認していることを意味しています。裁判員が関与しても判決に影響はないのです。それくらい裁判官に対して強いイニシアチブを求め、評議における裁判官の指導を当然のことと考えているのです。

B 正義を忘れた最高裁判所

このような裁判員制度がすんなり国民に受け入れられないことは最高裁もわかっています。だからこそ裁判員制度の導入の真の目的が国民の国家権力従順化教育制度であることを知っている最高裁は、莫大な費用を使い、違法なやらせのタウンミーティングをしてまで宣伝に努めたのです。衣の裾から鎧が見えたとの譬え通りなのです。

このようなやらせによるタウンミーティングは、最高裁の国家機関としての清廉潔白性、中立性、並びに国民からの信託を忘れたあるまじき行為であるばかりでなく、本来、裁判所が正義を実現するところであることと全く矛盾するものです。「広く国民の意見を裁判に反映させよう」としている制度の趣旨と全く相反しています。何よりも、主権者たる国民の主権の侵害行為であることに留意しなければなりません。

何よりも、タウンミーティングにおいても、裏金が効果を発揮していることに注意すべきです。

3、統制の具体的な方法

◆「裁判官の報酬等に関する法律」の特異性

人間社会において、相手方を困らせて意のままに動かすもっとも効果的な方法は、相手方の糧道を断つことです。裁判官にとっての糧道は、その仕事による報酬です。

裁判官の報酬については、「裁判官の報酬等に関する法律」（昭和23年7月1日公布）で定められています。全文11条のきわめて簡略な法律です。

同法には、裁判官が受ける報酬の号、または報酬月額は、最高裁が定めると規定しています（第1～3条、11条）。要するに、どの裁判官が何号のランクでいくらの月額報酬を受けるかは、すべて最高裁（事務総局）が決めてよいというわけです。

第1条　裁判官の受ける報酬その他の給与については、この法律の定めるところによる。
第2条　裁判官の報酬月額は、別表による。
第3条　各判事、各判事補及び各簡易裁判所判事の受ける別表の報酬の号又は報酬月額は、最高裁判所が、これを定める。
第11条　裁判官の報酬その他の給与に関する細則は、最高裁判所が、これを定める。

同じ公務員でも、国家公務員法が適用される一般職（裁判官は特別職国家公務員）の報酬については「一般職の職員の給与に関する法律」（昭和25年4月3日公布）によって細かく定められています。

こちらの法律では、客観性を有する第三者機関、すなわち人事院が俸給表の適用範囲など細かな実施基準を決めることになっています。法律の条文も、裁判官の場合と違って全25条ですから、かなり詳細です。

「裁判官の報酬等に関する法律」は、最高裁が意のままに報酬を決めることができる特異な法律といえるのです。次ページに同法2条に定める報酬月額の「別表」最新版を掲げます。

◆「裁判官の報酬」は最高裁が決める

「裁判官の報酬等に関する法律」の第3条は、非常に大きな意味があります。すなわち、「各裁判官が受ける報酬の号または報酬月額は最高裁判所が決める」と、最高裁の裁量が最大限に認められているのです。ある意味、〝やりたい放題〟ともいえます。

実際に最高裁が裁量のターゲットにしているのは、3号以上の裁判官です。4号までは、いわば機械的に定期昇給した報酬を受けています。任地、職務などによって差別的な処遇を受けることはあっても、給与そのものについては経験年数に応じてほぼ同列の扱いになっているのです。

裁判官は、4号までは機械的に定期（あるいは3年ごとに）昇給した報酬を受けます。しかし3号から昇給する者としない者との差異が生じる。また昇給の時期についても区々的になります。また、3号にならないと裁判長にはなれない。だから4号までは表面上の差異はありません。

しかし実質は差別が醸成されていく期間であり、それまでの任地・役割等から、スムーズに3号に昇給するか否かはそれぞれ自覚しています。したがって最初から、自己の裁判をその点の自覚と無関係にしているわけではありません。

裁判官・検察官の報酬俸給表（平成26年4月1日現在）

裁判官			検察官		報酬俸給 月額	初任給調整手当
最高裁判所長官					2,050,000	
最高裁判所判事			検事総長		1,495,000	
東京高等裁判所長官					1,434,000	
その他の高等裁判所長官			東京高検検事長		1,328,000	
			次長検事・その他の検事長		1,222,000	
判事	判事補	簡裁判事	検事	副検事		
1			1		1,198,000	
2			2		1,055,000	
3		特	3		984,000	
4		1	4		834,000	
5		2	5		720,000	
6		3	6	特	646,000	
7		4	7	1	585,000	
8			8	2	526,000	
		5		3	444,700	
	1	6	9	4	426,900	
	2	7	10	5	392,500	
	3	8	11	6	368,900	
	4	9	12	7	345,100	
	5	10	13	8	322,200	19,000
	6	11	14	9	306,400	30,900
	7	12	15	10	288,200	45,100
	8	13	16	11	277,600	51,100
	9	14	17	12	253,800	70,000
	10	15	18	13	244,800	75,100
	11	16	19	14	234,300	83,900
	12	17	20	15	227,000	87,800
				16	215,000	
				17	206,600	

　つまり、3号から

昇給に差が出るからといって、そのときになって良心的裁判をやめて急いでゴマスリ裁判をやりはじめても間に合いません。３号をめざして最初からゴマスリ裁判をしていなければなりません。

３号に昇給するのは任官後20年を経たあとといわれています（この時期についてさえ当局から明示されていない）。したがって最も早く昇給する者は21年目からです。その後も早い者は２年半ないし３年（この点も明示されていない）ごとに昇給します。人によってはそれより１年経っても２年経っても上がらないというケースが出てきます。そこで、同じ時期に裁判官に任官しても、４号で止まっている者と３号ないし１号に昇給している者とでは、月々の報酬に相当の差異が生じます。ですから、４号から３号に上がる段階で差が出てきます。

ある裁判官は、同期の最初の昇給時期から５年半も遅れて３号になっています。３号になったからといって安心してはいられません。一向に２号に上がらない裁判官が次々と出てきます。

徳島地裁時代に当時の安藝裁判長が「私は３号からなかなか上がらないんだよね。同期はみんな上がっているのに…」と、私に嘆いていたがごとくです。私自身は３号になってからすぐに退官したので、その悲哀は味わっていないのですが、そのまま裁判官でいたら、どうなっていたかわかりません。

ずばりいえば、最高裁は報酬月額ランクにおける3号以上に該当する裁判官、つまり任官から21年経過相当の裁判官について、最高裁の意向に積極的に協力する度合いに応じて決めているのです。これは、「裁判官の報酬等に関する法律」の悪用といってよいでしょう。

◆月給による統制─意に沿わなければ、糧道を絶つ

昇給の実態をざっと示せば、次のようになります。

任官から20年を経て、21年目にあたる4号のうち、約3分の1（21年目の裁判官が90人いるとして、そのうちの30人）を最初の21年に3号に上げます。22年目に次の30人を3号に上げます。残りの30人は、3年ないし10年以内に順次上げ、5人ほどは終生3号にはせず4号のままとなっています。

3号、2号についても、それぞれ2年後ごとに、4号から3号に上げるのと同様の方法を取って2号、1号に上げています。

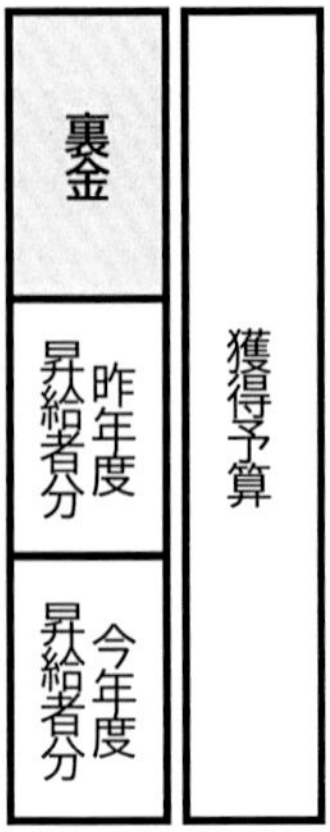

つまり、最高裁にもっとも従順で積極的に協力する裁判官が1号の裁判官になり、地裁の所長になり、そして全国8ヵ所の高等裁判所長官、さらには最高裁判事になるというしくみです。

なお、裁判官報酬3号以上でなければ合議体の裁

判長にはなれません。裁判所内における会合等の座席は、裁判官報酬1号からの順位となるので、だれが何号かお互いにほぼわかります。しかし、1年後、2年後にその席順がどう変わっているのかは、だれにも予想できません。

予想できるのは、最高裁事務総局だけです。その実質的な基準が、最高裁に従順であるか、積極的に協力する意思があるか否かなのですから。たとえば、最高裁の判決を否定するような再審決定の判決を出したりすると、順位は下がっていきます。

順位が下がるということは、他の裁判官が上の号にどんどん進んでいるのに自分だけが同じ号のまま止まっている状況です。そのことにより、相対的に報酬月額のみならず年収にも大きな差がつきます。

年収だけの差異を見ても、3号で都市手当付の者と4号で都市手当無しの者とでは、年間500万円程度の差異となります。この頃は大学生・高校生の子どものいる時期ですから収入の多寡は最も切実な時期であり、だれしも早く3号になりたいと焦る時期です。3号のまま止めおかれている者と、1号で都市手当付に昇給した者とでは、年間1000万円近い差異となります。しかも、運よくスムーズに3号になったとしても、2号・1号もまたスムーズにいくとは限りません。3号になったからといって安心はできません。

裁判官にも会社員のボーナスに当たる期末手当が出ますが、期末手当も報酬月額を基準とするので、おのずと年収に大きな差が出るというわけです。さらに、報酬を規準に退職金や恩給も支給されるので、生涯所得としては莫大な差異となります。3号になるべき時期から65才の定年までの約20年間の年収・退職金・恩給を合計すると、いくら少なく見積もっても「億」といってよいでしょう。

しかも問題は、このような莫大な差異だけにあるのではありません。最高裁当局がこのような昇給を決めていることは間違いないとして、だれが具体的にどのようにして決めているのか。何を規準としているのか。時期・期間はどうなっているのかといったことが一切明らかにされていないことです。また内部では、4号になってから自己の報酬号数を他人に漏らすべきではないという不文律があります。

良心を売った見返りに、億単位の差異となる生活を得ることになります。しかも、それは私たちの税金です。これだけ差が出るのでは、異常なまでに意志強固な良識裁判官でないかぎり「自主的」にゴマスリ・ヒラメ裁判官になっていきます。この状況こそが、いわば「糧道を絶つ」という方法なのです。最高裁の意に沿うか沿わないか、言い換えれば「ヒラメ裁判官」になるか、「良心に従う正義の裁判官」になるかで億単位の差が出るとしたら、残念ながら、「正義の裁判官」を選択しづらいのが人間の性なのかもしれません。

本来、「裁判官の報酬等に関する法律」に「裁判官の受ける報酬の号は最高裁がこれを定める」とあるのは、恣意的運用を許すためなどではないはずです。3号に必要な要件があるのであれば、その要件を明文化し、それに該当する4号者を3号に上げると規定すべきであり、その基準を裁判官に公表するのが筋です。

しかし、そのような公正な手段を取ったのでは、裁判官を最高裁の統制に服従させることができません。そのため、3号該当者基準を明らかにせず、裁判官が最高裁の顔色を窺うようなしくみにしたというのが実情なのです。


これまで話してきた通り、報酬による差異と、転勤による差異が重なると、同じ時期に任官しても天と地の差が生じます。片や大都市で一切転勤の不利益なく、3号から1号へ一挙に駆け上がる者があると思えば、他方は支部を転々とし、子どもの進学等のため転居もできず、単身赴任を余儀なくされ、4号に据え置かれ、家族の生活が3ヵ所・4ヵ所ともなれば、生活自体が破壊されかねない者もいます。

上昇気流に乗った者は、最高裁事務総局・最高裁調査官・司法研修所教官といった、裁判そのものの現場から離れ、三冠王と称すべき地位を目指すこともマレではありません。反対に、4号据え置きのまま、支部ばかり3、4ヵ所の家庭生活といったいわば三重苦に陥る者もないではなく、何が何でも避けたいというのが人情です。

これは**「裁判官残酷物語」**だし、イジメの構造でもあります。良心も正義もふっとぶのが当り前ではないでしょうか。

ある意味では、**日本の裁判官は、実に「可哀相」な職業かもしれません。**しかし裁判を受ける国民は、その犠牲になるわけですから、「可哀相」などとは言っておられません。ブラックな言い方ですが、裁判官の高給のもとは私たちの税金ですから、全国民がヒラメ裁判官を育てていることにもなります。

「陽の当る場所」ばかり転勤する者と、「ドサまわり」で家庭生活も破壊される「裁判官残酷物語」とに分かれ、この両操作によって正義などと無縁の裁判がまかり通るようになっていくのです。

こうした被差別回避・利益確保ないし保身のために、他主的統制ではなく、裁判所全体の趨勢を先取りして競争する自主的統制が生じてきます。裁判官全員によるこのような「裁判所の趨勢を先取りしよう」とする意識が、さらに新たな趨勢を作り出すという増幅効果と悪循環を作り出すわけです。こんな状況のなかで「裁判官会同」や「協議会」が施されると、率先して趨勢を先取りしようという雰囲気につつまれ、そうなるとだれが指導するまでもなく、自主的統制へとみんなで急進するのです。

後述しますが、私は2009年（平成21年）4月に最高裁に対して、また同年7月に会計検査院に対して、この「3号問題」を含めた情報公開を求めましたが、両者とも結果的にはゼロ回答です。

また2007年8月に上梓した拙著『裁判が日本を変える！』でもこの問題を詳しく書きましたが、それに対する最高裁からの異議もまったくありません。

◆転勤による統制

日本の裁判官が、こういう恐るべき状況下で次々と「判決」を下し、マスコミがほとんど無批判にそれをタレ流し的・官報的に報じてゆく。この実態を、日本のどれだけの人たちが知っているのでしょうか。

一九八〇年頃までは、全国の大・中・小都市をA・B・Cにランク分けして、10年間にA・B・Cを一回りするといった、形式的には一応平等な任地・転勤の方法が取られていました。一応平等というのは、例えば最高裁の事務総局等の各局の勤務（局付・課長・局長）はCランクとされるなどの不合理があり、東京地・高裁と最高裁を往復していることが可能でした。ところが、前に述べたような裁判官会議の形骸化や裁判官の市民的自由の剥奪といった外部的条件整備が整ったころから、外形的な平等さえなくなり、裁判官には「大都市向き」「中都市向き」「小都市向き」があり、さらに「適材適所で転勤する」と言われ出しました。そして東京・大阪といった大都市からほとんど移動しない者、大都市間を移動する者、大都市と中小都市間を移動する者、小都市（支部）を中心に移動する者が生じるようになりました。また転勤サイクルも、3年ないし5年か、それ以上といった個別的なものになりました。

日本では、大多数の国家公務員が大都市で自己の力を発揮したいと思っており、裁判官も例外ではありません。その上、転勤にともなう経済的負担も大きく、更には子どもの教育上も大都市居住の方が有利です。そして、大都市では都市手当も付加されて報酬的にも恵まれている。3年間以上小都市に居ると都市手当が切れるので実質上減収となります。この点からも転勤場所及びサイクルは切実になります。

問題は、報酬の場合と同じく、誰が、どのような基準でこれを決めるのかが一切明らかにされていないことです。

報酬による差異と、転勤による差異が重なると、同じ時期に任官しても天と地の差異が生じます。片や大都市で一切転勤の不利益なく、裁判そのものの現場から離れて、最高裁事務総局・最高裁調査官・司法研修所教官を歴任して三冠王と称され、3号から1号へ一挙に駆け上がるものがあると思えば、他方は支部を転々とし、子供の進学等のため単身赴任を余儀なくされ、4号に据え置かれ、家族の生活が三ヵ所・四ヵ所ともなって、生活自体が破壊されかねない者も生じます。

裁判の統制手段は、裁判干渉＝知的干渉＝裁判官本人対象といったメカニズムだったのが、約30年前から全般的生活差別型＝恒常的利益誘導型＝家族全員対象といったメカニズムに変わってきているわけです。家族全体が対象とされるため、本人の意志だけで耐えたりすることが益々困難となっているわけです。転勤時期ともなれば、有利な転勤をした者と不利な転勤を余儀なくされた者の家族ぐるみでの悲喜劇が生ずるのです。

◆趨勢の先取り競争

こうした被差別回避・利益確保ないし保身のために、裁判所全体の趨勢を先取りして競争する自主的統制が生じてきます。裁判官全員によるこのような「裁判官の趨勢を先取りしよう」とする意識が、さらに新たな趨勢を作り出すという増幅効果と悪循環を作り出すわけです。

こんな状況の中で、「裁判官会同」や「協議会」が施されると、率先して趨勢を先取りしようという雰囲気につつまれ、そうすると誰が指導するまでもなく、自主的統制へとみんなで急進するのです。

個々の裁判においても、判決の効果を意識して、裁判所の趨勢を先取りした判決をするのです(例えば、靖国訴訟、原発訴訟、１票の格差訴訟)。

これまで、月給や転勤を餌にされて、裁判官が自主的に統制されていく仕組みを見てきましたが、問題はさらにその先にあります。昇級する者としない者の区別を「人事政策」として簡単に片付けてよいものかどうか。さらに、これを差別人事として非難することどまってよいのか、ということです。

つまり、一定数の者を昇級させる予算措置即ち原資（金額的にも年間何百億円以上という巨額のはずです）があるわけですが、これを適法に運用しているかという問題です。当局者が、お手盛りで、自己及び同調者に有利に使うならば、憲法で保障された身分の保障のための運用をせずに、「その任務に反して自己の利益をはかった」ものとして背任罪に問われてしかるべきでしょう。

背任罪の本質は「信頼関係違背による財産的加害」とされていますが、背任罪や横領罪は、西欧では、主人に対する使用人の犯罪として発展しました。国家や都市の公務員も株式会社の取締役と立場的には同じであるとして、背任罪が適用された時期もありました。その後法制度が完備し、およそ公務員がお手盛りで自己の昇級に予算を使うといった遅れた制度がなくなったためもあって、公務員に対してこの種の罪を問う必要性はなくなったのです。ところが日本の裁判官の場合は、他の公務員と違って法律や人事院規則による昇級の定めがなく、その上、説明責任さえ果たされていないので、お手盛りで予算を使うことが可能なのです。それならば、背任罪に問われても仕方がないのではないでしょうか。利得の大きさ、被害の甚大性、国民に対する背信性といった違法性の大きさにおいても、通常予定されている背任罪や商法の特別背任罪の事案とは比較の域を超えていますが、もしこれが犯罪性を有しているということになれば、われわれ国民は、犯罪的集団に統制された裁判所による裁判を受けていることになります。

以上のように、ヒラメ裁判官問題は官僚統制がとことん進み、裁判官が主権者たる国民を放ったらかして、自己保身、自己の利益の追求のため、最高裁の意向や上司ばかりを気にして、上司が未だ言わないことまでも率先して先取りしていく、恐ろしい状況下に、われわれ国民は置かれているのです。

なぜ裁判所が憲法判断をしないのか(例えば靖国訴訟、原発訴訟、一票の格差訴訟)という表面的な次元の問題としてとらえるではなく、裁判官の統制の問題としてとらえて、これを根本に除去する方法を追及する必要があるのです。

これは、裁判員裁判の問題どころではない差し迫った問題なのです。日本では真の裁判制度が無いといってもよいのです。

権力と癒着した最高裁が、その権力および自分たちの利益のために、お手盛りで自分のカイライたちにばかり利益になるよう裁判官を統制しているのです。

国民が被害者として最後の望みを託す裁判所が、実は犯罪的集団に統制されているのです。

◆定年直前にいい判決をする裁判官がしばしばいる

これまで話したとおり、裁判官の報酬は、ある時期から急激に上昇する者と、停滞したままの者に分かれ、定年までに「億」単位の大差ができ、「陽の当たる場所」でばかり転勤する者と、「ドサまわり」の者とに分かれます。この両操作によって正義などと無縁の裁判がまかり通るようになっていきます。

正義を重視する良心的裁判官は昇給に不利で、ゴマスリ裁判をする反民主的裁判官は早く昇給します。３号のあとで良心の苛責に目ざめたりしないよう、２号・１号とゴマスリ裁判をさせます。

「定年直前にいい判決をする裁判官がしばしばいる」という話がありますが、その裏返しといってもいいでしょう。逆に言うと、その「最後の良心的判決」以前は、すべてゴマスリ判決かと思いたくなります。その意味では、今の日本の裁判官は実に可哀そうな職業です。しかし裁判を受ける国民はその犠牲になるのでは、たまったものではありません。

4、最高裁の莫大な裏金作り

◆裏金の作りの源泉

先に21年目で4号から3号に上がるのは4号裁判官の3分の1であること、また3号から2号、2号から1号への昇給も同様であることを指摘しました。

実は、これが非常に重大な事なのです。なぜなら、ここに最高裁による裏金作りの根拠があるからです。会計検査院も最高裁も、私の情報公開請求に対して答えていないので、私の憶測にはなりますが、裁判官歴22年の経験（裁判所内における裁判官同士の会話なども含む）によって、これが事実であることに確信を持っています。

そもそも、私の情報公開請求に対してほとんど門前払いしていること自体、憶測が事実

4 裁判所の予算

予算額（令和４年度）

（単位：千円）

区分		予算額	国の予算に対する割合（%）
国の予算総額		107,596,424,558	-
裁判所予算額		322,813,550	０.３００
	＜予算の内容＞	予算額	割合（%）
	人件費	269,821,456	８３.６
	施設費	14,556,658	４.５
	裁判費	19,574,076	６.１
	その他	18,853,360	５.８
	予備経費	8,000	０.０

であることを物語っているといえるでしょう（情報公開請求の顛末については、後述する）。

裏金作りの根拠について、具体的に示しましょう。

最高裁から下級裁判所まですべての裁判所にかかる予算は、当然のことながら国家予算から配分されます。

２０２２年（令和４年度）は３２２８億８１３５万円です。このうち、最も大きな割合を占めるのが、裁判官の報酬を含む人件費で、毎年およそ84％となっています。

この予算における人件費は、たとえば４号報酬の裁判官全員が21年目に３号に上がることを前提に組まれています。

そこで、先に指摘した、「３号から４号に上がるのは４号裁判官の３分の１」ですので、３分の２は４号のままなのです。ところが、予算だけは全員分を確保しています。

すると、この３分の２の４号裁判官については、３号との差額分だけ予算は使わないわけで浮くことになります。これが裏金の源泉になるのです。

2号、1号についても同様で、予算は全員分、実際に使うのは3分の1だけで、残りの3分の2については使わず裏金に積み上げていくことになります。

『裁判所データブック2022』によって裁判官の報酬等（令和4年4月1日現在）を見ると、4号の月額が818000円、3号の月額が965000円で、3号になるとならないとでは、月額15万円違います。

これを年間に換算すると、15万円×12カ月×60人(4号据え置き者)で、約1億円になります。2号、1号についても各約1億円の裏金が約60年間続いているので、全部で180億円もの金額が浮いていることになります(実際はこれに期末手当や都市手当などが加わってもっと高額になります)。これがすべて裏金として最高裁に蓄積され、何らかの用途に使われているのです。

◆裏金は最高裁の必要経費!?

3分の1しか昇級させない1号、2号、3号裁判官の報酬予算を全員分要求して、3分の2を裏金とするという構図です。お金の出どころは、私たちの血税なのです。

3分の2の未昇級分も裁判官報酬用に獲得した予算であって、最高裁が自由に費消してよいお金ではありません。これに国家予算の使い方としての合理性を認める主権者は一人もいないはずです。

最高裁は、莫大な裏金を何に使っているのでしょうか。私は、最高裁による裁判官統制の【必要経費】に使われていると見ています。

裁判官に公知の方法を取るべき3号の要件を公知せず、最高裁に対する従順の協力の度合いで決するという恣意的運用は、何らかの対策を打たなければいずれ国民（主権者）の知るところとなり、最高裁による裁判官の統制という問題も明らかになってしまいます。

問題が明るみに出ることを阻止するには、第一に、司法制度の研究者や学者に対し、研究課題と法外な報酬を与えることにより、異議を述べさせないようにするという対策があります。この費用は、すなわち研究者・学者の丸抱えの費用に裏金を使うのです。

最高裁はさまざまな研究会等を設けていますが、その本当の目的は出席してもらう研究者や学者の懐柔です。建て前としての目的は、司法制度改革や裁判員裁判についてなど、いかようにも作れます。

司法を専門としている大学教授など研究者や学者のほうは、手厚い謝礼をいただけることのメリットももちろんありますが、それよりも最高裁に気に入られるかどうかのほうが重要で、気に入られなければさまざまな面で不利な立場に追いやられます。

法科大学院の教授などは、そのような立場の典型でしょう。法科大学院は抱えている教授に悪評が立ったら学生が集まらず、経営が立ち行かなくなります。法科大学院の経営が順調にいくためには教授陣に対する最高裁の庇護が必要なのです。庇護を受けられるかどうか、それは教授陣の生命線にほかなりません。

最高裁からの庇護と最高裁への協力姿勢。その関係の中に少なくないお金が動いているはずです。

当然わかってもいいような3号問題や統制について、研究者・学者の研究結果がいっさいないことは不思議であり、異常でもあります。最高裁による研究者・学者の丸抱えが功を奏している結果ではないでしょうか。

法律の教科書でも、初めのうちは民主的なことを書いていたのに、版を重ねて5版目ぐらいからガラッと記述のトーンが変わってしまう本を何冊か発見しています。これは自発的にそうしているのか、それとも何らかの圧力がかかったのかはわかりません。ただ、初版本とのギャップがあまりにも大きいと、不自然さに疑いの目を向けざるをえません。

◆最高裁の「裏金?」

裁判官を4号から3号に昇給させるために予算配布を受けながら、4号全員を昇給させず、一部の裁判官を年次を遅らせて昇給させるとします(永久に3号にならない裁判官もいます)。そうすると相当額の予算が余ってきます。おそらくこの余った予算は、事実上最高裁の裏金になります。

一年の裏金自体相当な額にのぼると思われますが、4号3号問題が何十年も続いているということになると、蓄積された裏金の額はいかほどになるでしょう。推測では何百億円になると思われます。

第1章でも書かれていますが、検察では行ってもいない調査活動（調活）を行ったかのように装って、経費を計上して裏金にしています（市川利明『日本の裏金（下）』第三書館、二二頁以下、二二〇頁）。警察では情報提供者に「捜査用報償費」を支払ったことにして偽造領収書を作成して裏金を捻出しています（同書二一二頁以下、四一八頁）。しかし、さすがは最高裁、検察や警察とは裏金の単位が違います。

最高裁はこの裏金を利用して、裁判員裁判の違法なタウンミーティングに公文書を変造し、違法なさかのぼり契約で、27億円もの費用をマスコミに出費しました。そればかりでなく契約書式はイベント請負には使えないはずの、裁判所庁舎の補修に使う書式をあてるという無茶苦茶さです（魚住昭『官僚とメディア』角川書店、二〇一頁）。

これはきわめて由々しき事態といわなければなりません。この疑念を晴らすためには、昇級の時期・期間・判断基準・理由の開示など、適正手続を明朗にすべきでしょう。手続の透明性及び説明責任が切実・早急に求められているのです。「正義を実現すべき裁判所において、その内部に不正などあろうはずがない」といった、いわば裏返しされた「お上意識」「**裁判所神話**」からの脱却が、われわれ国民に求められているのです。

一度でも裁判に関係した人は、法的サービスという役割を忘れた裁判所・裁判官のきわだった権威主義的態度にお気づきのことと思います。裁判の内容によって国民から信頼を得るのではなく、外形的な権威で裁判の尊厳を保とうとしているのです。国民が主権者であるという実感が、裁判に関与してまったく感じられないという現実があります。裁判所や裁判官は、自らの存在が主権者たる国民の信託に基づいているということを忘れているのではないでしょうか。

最後に、最高裁内部の事情を知る可能性のある裁判官、職員を懐柔することも必要になります。そこで、たとえば海外留学や海外視察などに行かせるといった方法を取るのです。留学や視察という名目なら格好がつきますが、要は海外旅行のようなものです。

振り返ってみれば、そのような裁判官が私の周りにもいました。最高裁の気に入る裁判官は、任官から10年以上経つとわりと長い海外視察に出かけたりしているのです。こうした費用にも裏金が使われます。

5、裏金と冤罪

◆裏金が冤罪の素因

最高裁が裏金を獲得することは、裁判所としてあってはならないことです。なぜなら裏金を獲得することによって、その行為自体の悪行とは別に、裁判所本来の業務である裁判に対しても著しい悪影響が生じるからです。つまり、裏金の獲得が冤罪の素因になります。恐ろしいことです。冤罪が尽きないのは、最高裁の裏金獲得とは無関係ではないのです。

以下では、1、裏金の獲得自体と冤罪との関係、2、裏金の使途と冤罪との関係について検討していきましょう。

1、裏金の獲得自体と冤罪との関係

裏金の獲得は、真実追求の意識を麻痺させます。真実追求の制度を麻痺させます。裏金獲得のためには、本来当然にすべき事である、裁判官3号になるための要件、2号、1号、高裁長官、最高裁判官になるための要件を事前に明言して、裁判官に事前に開示しておくべきです。このように事前に明記して開示しないことから、裁判官は最高裁に嫌われないように、それを通り越して最高裁に好まれる裁判官になるように、最高裁に身も心もすり寄せて行きます。

このような行為は、裁判という真実追求の制度と最も矛盾した行為です。一方でこのような行為をして、他方で真実追求の裁判をするという器用な使い分けを人間である裁判官は出来ません。

そこで裁判においても最高裁にすり寄る傾向が出て真実追及が疎かになり、誤判や冤罪の原因になるのです。

◆裏金の使途と冤罪との関係

裏金の使途も冤罪の素因になります。必要な使途であれば、必要経費として当然に予算として獲得すればよいことです。予算として獲得できないことは、その使途も公にできない不正の使徒ということです。裏金の使途は、最高裁に従順で、従順という役割を公知にして、最高裁に貢献した裁判官を外国見学旅行に行かすとか、最高裁を賞賛するような公刊物を出版する著者を実質報賞金としての出版援助をすることで、最高裁の批判派の台頭を押さえる等に使います。要するに現に存在する最高裁や裁判の現状肯定に役立つ費用に使うということです。

現状の裁判を肯定するものは賞賛する。批判する者の台頭を許さない措置を取るということです。要するに最高裁の支持者を増やすことです。これと、先に述べた裏金を獲得することとの冤罪助長とが相俟って冤罪を助長するのです。

◆最高裁の裏金作りのため、冤罪の解消を出来なくしている

ここで冤罪が生じる原因の解消に、裏金の獲得が否定的である理由を検討しましょう。

（1）冤罪の態様別類型

（A）まず一つは、判断の誤り型です。

これには⒜自白の信用性の判断の誤りと、⒝状況証拠の判断の誤りがあります。ほとんどの冤罪がこの判断の誤り型です。捜査機関や裁判所が故意に意識的に無辜の人を有罪にした態様ではないのです。

この誤り型の背景は日本独特の自白偏重捜査制度にあります。すなわち①諸外国ではせいぜい2〜3日にすぎない被疑者の身柄拘束期間が、日本では23日と桁違いに長期間であること、②捜査機関が被疑者をいつでも、どのような時間帯でも取調べ可能にするために警察留置所を「代用監獄」にしていること、③起訴するまで被疑者は保釈される権利がないこと、④弁護人の取調べ立会権、取調べ状況を可視化するビデオ撮りや録音も認められていないこと、⑤弁護人による被疑者の接見についても捜査機関の制約が甚だしいことなどの問題が指摘されています。

日本は、国連や諸外国から〔人権後進国〕ぶりをたびたび指摘され、2007年（平成19年）5月には、国連拷問禁止委員会から、刑事手続、拘禁の改善を強く求める勧告を受けています。

このような自白偏重捜査制度が採られるのには理由があります。

まず、日本は民主主義国でありながら、捜査の依って立つ、捜査の基本となる「捜査法」がありません、そこでどのような捜査をしようと捜査機関の自由です。そのため諸外国で採られている捜査の3段階方式、つまり1、初動捜査、2、本格捜査、3、取調べと捜査を3段階に厳格に区別し、それぞれの段階の捜査員を固定し、且つ責任者を決め、各段階でした捜査の内容、出来なかった内容を報告書にまとめ、後日国民に公表する体制をとる、という方式です。

このような3段階方式を日本では採らないため、最も容易な自由の確保を優先し、虚偽自白による冤罪の多発となるのです。

誤り型冤罪の背景は「捜査法」が無いこと、捜査の3段階方式を厳格に採用しないことにあります。

（B）次に冤罪の型として、捜査機関の故意による意識的デッチ上げ型冤罪があります。

この型の典型的な冤罪が「和歌山カレー事件」です。「捜査法」が無く、どのような捜査でも自由にできる捜査機関は故意によるデッチ上げ捜査も出来ます。「和歌山カレー事件」では真犯人が政府与党の関係者であったことから、政府与党に批難が及ばない様捜査機関は、真犯人を逃し、その代わりとして無辜の市民を犯人にデッチ上げます。裁判官の独立の無い裁判で、最高裁からその事件の裁判のため派遣された裁判官が有罪（死刑）の判決を書きます（生田の推測です）。

このことから明らかな様に、故意のデッチ上げ型冤罪の背景は、「捜査法」が無いことによる捜査機関の自由な捜査にあります。

誤り型冤罪、故意のデッチ上げ冤罪、いずれも共通する背景、原因は「捜査法」が無いことです。「捜査法」を作り、冤罪の減少に努力すれば、次に目につくのが、最高裁による裁判官の統制の不当性です。

裁判官は最高裁によって、報酬3号以上になるにあたって、最高裁から極度に統制を受けます。裁判官は報酬（給料）によって最高裁から極度に統制され、裁判官の独立が無いのです。この裁判官の給料による統制を廃止すれば、最高裁に裏金も入りません。
そこで最高裁は冤罪の原因が「捜査法」が無いこと、捜査の３段階を採用しないことにあることが解っていても、これらを採用すれば、次に裁判官の統制の不当性に及んで来ることが解っているので、あえて「捜査法」の創設、捜査の３段階方式の採用をしないのです。

以上でお解りの通り、冤罪の背景、原因には「捜査法」が無いこと、捜査の３段階方式を採らないこと、裁判官の最高裁による給料を手段とする裁判官の統制、裁判官の独立の無いことです。これらは全て、最高裁の裏金作りのため、冤罪の解消を出来なくしているのです。日本で冤罪が多発する原因が最高裁の裏金作りにあることが解っていただけたと思います。このような最高裁の体勢を日本が真の民主主義社会になるため早急に改めなければなりません。

6、最高裁に情報公開を請求すると…

◆裁判所は情報公開の対象外

１９９９年（平成11年）５月14日に「行政機関の保有する情報の公開に関する法律」（以下「情報公開法」）が公布され、２００１年４月１日に施行されました。この法律は、私たち主権者にとって非常に重要な法律です。

第1条には、この法律の目的が次のように記されています。

この法律は、国民主権の理念にのっとり、行政文書の開示を請求する権利につき定めること等により、行政機関の保有する情報の一層の公開を図り、もって政府の有するその諸活動を国民に説明する責務が全うされるようにするとともに、国民の的確な理解と批判の下にある公正で民主的な行政の推進に資することを目的とする。

要は、私たちが主権実現のために行政文書の公開を請求する権利を認め、行政側には主権者に対して説明責任のあることを明記した法律です。

情報公開法については、政治家や公務員の汚職、薬害や公害問題などを背景に1970年代から消費者団体や市民団体から必要性が叫ばれ、制定のための運動も展開されていたところ、ようやく1999年に制定されたという経緯があります。

世紀の最後に制定されたというのは、世界の先進国の中ではもっとも遅れています。アメリカの制定は1966年、ドイツは1976年、フランスは1978年……といった具合で、日本はこの点でも、司法の後進国ぶりが明らかといえるのです。

経緯はともあれ、情報公開法は私たち市民による主権実現の行動を後押しするものであることは確かです。

ただし、情報公開法が対象にしているのは行政機関であり、**裁判所はこの法律の上では対象外**となっています。

対象外になっている理由は、裁判所の特殊性によるもので一定の理解はできますが、その一方で、裁判所には普通の企業と同じように、「司法行政」といわれる、総務、経理、人事という組織として運営していくための機能があります。この司法行政についても、情報公開をしなくてもよいということにはなりません。

司法行政は、裁判所の内部で行なわれるものであっても行政活動には違いありませんから、情報公開法第１条の趣旨から見て、司法行政についての情報公開請求に対しては公開の義務があると解すべきです。

◆情報公開に関する最高裁の見解

この点を最高裁はどのように考えているのでしょうか。

さすがに、ただ「情報公開はしない」とは公言していません。裁判所の公式ウェブサイトに、情報公開に関する最高裁の見解が載っています。ここは重要なので、全文を引用します。

１、裁判所の情報公開（司法行政文書開示手続）

（１）裁判所の情報公開制度とは？

裁判所では、「司法行政に関して国民に対する説明責任に応えるために、「裁判所の保有する司法行政文書の開示に関する事務の取扱要綱」を定め、それに基づいて、司法行政文書

を開示しています。

なお、裁判所は、「行政機関の保有する情報の公開に関する法律」（以下「情報公開法」という。）の対象とされていないため、その適用はありません。

（根拠規程）

裁判所の保有する司法行政文書の開示に関する事務の取扱要綱
裁判所の保有する司法行政文書の開示に関する事務の取扱要綱の実施の細目について（通達）

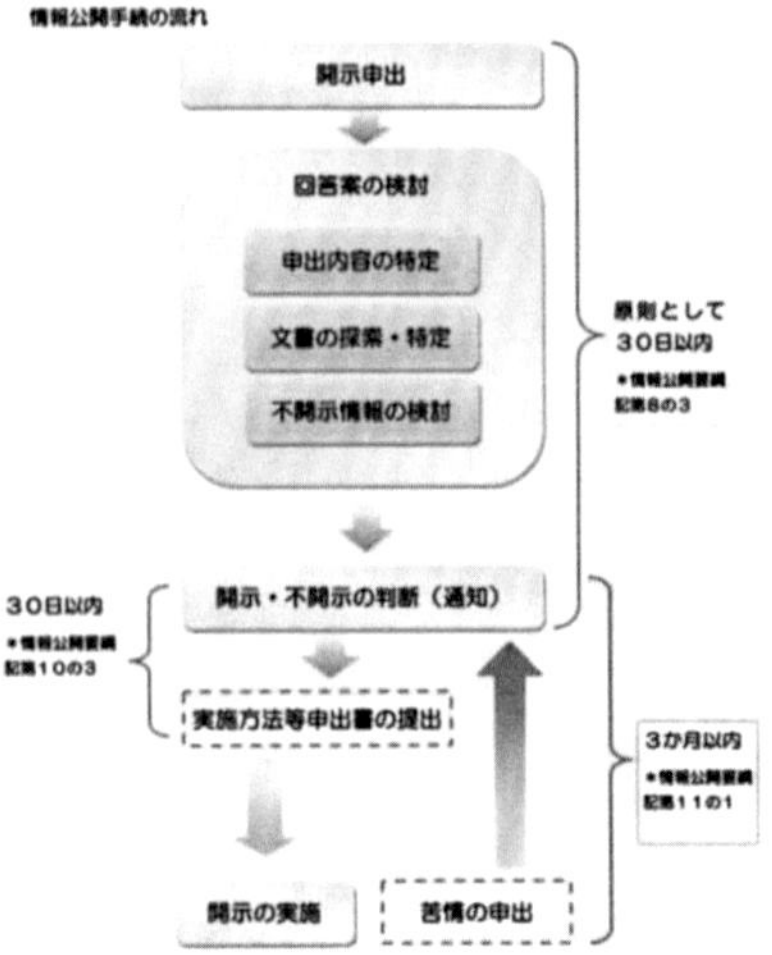

（２）どんな文書でも開示の対象になるの？
開示の対象になる文書と、ならない文書があります。

開示の対象になるのは、裁判所の職員が、司法行政事務に関して、組織的に使うものとして保有している文書、図画や電子データです（これを「司法行政文書」といいます。）。

これに対して、事件記録のような裁判事務に関して保有しているものは、原則として、開示の対象になりません。事件記録の閲覧等を求める場合には、民事訴訟法等が定める事件記録の閲覧謄写手続によってください。

また、書籍のように市販されているものや最高裁判所図書館の蔵書も開示の対象となりません。

(3)開示手続はどのように進んでいくの?

以下のフローチャートのように進みます。詳しくは(4)以下の説明を参照してください。

(4)開示の申出はどのようにすればいいの?

開示申出書に必要な事項を記入し、最高裁判所が保有する司法行政文書については最高裁判所に対して、高等・地方・家庭裁判所が保有する司法行政文書については各裁判所に対して、郵便等の方法により提出してください。

なお、「司法行政文書開示手続」では、開示申出人自身の情報であっても個人に関する情報は原則開示されませんので、司法行政文書に記録された自身の個人情報の開示を申し出る場合には、「2」で説明する「保有個人情報開示手続」によってください。

ア 開示申出書

司法行政文書開示申出書

イ 提出先

(ア) 最高裁判所(秘書課文書開示第二係)

住所 〒102－8651 東京都千代田区隼町4番2号

電話 03–4233–5240

（イ）高等・地方・家庭裁判所（総務課）

各地の裁判所から庁名を選択し、「所在地」のページから住所等の記載を御確認ください。

なお、簡易裁判所については、その所在地を管轄する地方裁判所の総務課に提出してください。

（5）開示の申出をした文書は全て開示されるの？

司法行政文書であれば、すべて開示されるのが原則です。

ただし、個人に関する情報や、裁判所の事務に支障を及ぼす情報など、開示することで差しさわりのある情報（情報公開法第5条に規定する不開示情報）が含まれる場合には、その記載部分を黒塗りにした状態で開示することになります。

（6）開示の申出をした後はどうなるの？

開示の申出を受けた裁判所は、申出のあった司法行政文書について、その裁判所内を探索します。探索の結果、当該司法行政文書があった場合には、不開示情報が記載されていないかを精査し、一部を黒塗りにするなどして、開示する文書を準備します。

このような事務を経て、裁判所は、開示申出人に対して、全部開示、全部又は一部の不開示の判断を通知します。

なお、開示の申出があった日から原則として30日以内に上記通知を行いますが、30日以内に行うことが事務処理上難しいときは、期限を延長する旨の通知を行うこともあります。

（７）開示される文書はどんな方法で見られるの？

開示の通知を受けた開示申出人は、原則として30日以内に開示の申出をした裁判所に開示の実施方法等申出書を提出します。

開示の実施方法は、原則として、閲覧又は写しの交付です。謄写は認められません。写しの交付を受ける場合には、所定の手数料を収入印紙で納付する必要があり、写しを郵送で受け取りたい場合は郵送料として実施方法等申出書に郵便切手を添付してください。

実施方法等申出書

実施方法等申出書(記載例)

（８）苦情がある場合はどうすればいいの？

開示の申出を受けた各裁判所における司法行政文書の全部又は一部不開示の判断に対して苦情がある場合、開示申出人又は開示に反対する意見を提出した第三者等は、最高裁判所に対して苦情の申出ができます。

申出期間は、開示の申出を受けた裁判所が通知を発送した日から原則として３か月以内です。

苦情の申出を受けた最高裁判所は、司法行政文書の全部又は一部不開示の判断の当否について、情報公開・個人情報保護審査委員会に諮問を行い、同委員会の答申を尊重して、苦情申出に対する判断を行います。

ア　苦情申出書
苦情申出書（司法行政文書開示／開示申出人用）
苦情申出書（司法行政文書開示／第三者用）
イ　提出先
最高裁判所（秘書課文書開示第二係）
住所　〒102 - 8651　東京都千代田区隼町４番２号
電話　03-4233-5240

右記引用文にある、「情報公開についての裁判所の保有する司法行政文書の開示に関する事務の取扱要綱」（以下、「要綱」）「裁判所の保有する司法行政文書の開示に関する事務の取扱要綱の実施の細目について（通達）」（以下、「通達」）も重要ですが、かなりのページを割いてしまうので本書では載せられません。ぜひ、裁判所ウェブサイトで一読してください。

要綱に規定している「司法行政文書の定義」と「開示の原則」のみ引用しておきます。

第１　定義

この取扱要綱において「司法行政文書」とは、裁判所の職員が職務上作成し、又は取得した司法行政事務に関する文書、図画及び電磁的記録（電子的方式、磁気的方式その他人の知覚によっては認識することができない方式で作られた記録をいう。第10の１において

同じ。）であって、裁判所の職員が組織的に用いるものとして、裁判所が保有しているものをいう。ただし、次に掲げるものを除く。

１　官報、白書、新聞、雑誌、書籍その他不特定多数の者に販売することを目的として発行されるもの

２　最高裁判所図書館が収集した図書館資料

第２　開示の原則

裁判所は、その保有する司法行政文書の開示の申出があった場合は、何人に対しても、当該司法行政文書を開示するものとする。ただし、次のいずれかに該当するときは、この限りでない。

１　法令に別段の定めがあるとき。

２　開示の申出があった司法行政文書に情報公開法第５条に規定する不開示情報に相当する情報（裁判事務の性質上、公にすることにより、その適正な遂行に支障を及ぼすおそれのある情報を含む。以下「不開示情報」という。）が記録されているとき。

開示の原則に、「何人に対しても、当該司法行政文書を開示するものとする」と明記しているので、読者の皆さんも躊躇することなく情報公開請求ができます。

もっとも、「情報公開法第５条に規定する不開示情報に相当する情報（裁判事務の性質上、公にすることにより、その適正な遂行に支障を及ぼすおそれのある情報を含む。」は除外されるとの但し書きが曲者ではありますが…。

◆ヒラメ化と裏金について情報開示を請求

２００９年（平成21年）４月28日、私はこの要綱および通達に基づき、最高裁に対して情報公開を求めました。

請求した情報は、次の「別紙（一）（二）」にあるように、裁判官をヒラメ化する根拠、および最高裁の裏金に関する司法行政文書です。

別紙（一）

第１、裁判官の人事管理に関する法令について、以下のものを明らかにされたい。

１．裁判官の人事評価に関する法律、命令、規則、運用規則、運用マニュアル。

２．裁判官の報酬に関する法律、命令、規則、運用規則、運用マニュアル。

３．裁判官の転勤に関する法律、命令、規則、運用規則、運用マニュアル。

第２、裁判官の人事評価について以下のことを明らかにされたい。

１．裁判官の人事評価に関する規則（平成16年最高裁判所規則第１号）の運用規則並びに運用マニュアルを明らかにされたい。

２．平成16年以前の裁判官の人事評価は何に基づいてしていたか、規則、運用マニュアル等を明らかにされたい。

第３、以下のことを明らかにされたい。

１．最高裁判所が裁判官を最高裁判所判事に推薦する基準。
２．最高裁判所が高等裁判所長官を任命する基準。
３．最高裁判所が地方裁判所、家庭裁判所所長を任命する基準。
４．裁判官の転勤に関する規則、基準、運用マニュアル。
５．司法修習生のうち、裁判官に採用する修習生の採用要件を定めた根拠規定及びその根拠規定に該当するか否かの判断は、だれが、いつ判断するのか、及びその運用を定めた根拠規定及び運用マニュアル。
６．裁判官に採用した司法修習生の最初の任地をどこにするかについて定めた根拠規定及び運用マニュアル。

第４裁判官の報酬予算について
１．⑴平成22年度の裁判所の全予算額はいくらか。
⑵平成22年度の全裁判官用の報酬の予算額はいくらか。その内訳を明らかにされたい。

⑶第何号報酬用にいくらといった予算の決め方をしているのか。

⑷平成22年度の裁判官用の報酬予算額のうち、報酬に使った残りの額はいくらか。

⑸⑷の残りの額が生じた理由は何か。何号報酬用から残りの額が生じたか。
２．⑴平成22年度の裁判官報酬の予算中、平成22年度において裁判官３号報酬に使した額はいくらか。

3号報酬用の予算中、平成22年度で残った額はいくらか。その額はどのようにして保管しているか。
(2)平成22年度の裁判官用の予算の中、平成22年度において、裁判官の報酬に使った額はいくらか。その残りはどのようにしているか。

第5、裁判官の報酬に関して
1．裁判官の報酬の根拠規定とともに、運用の根拠規定、運用マニュアルを明らかにされたい。
2．裁判官が当該報酬に該当するか否かは、だれが、どのような規定に基づいて判定するのかその運用マニュアルも明らかにされたい。
3．裁判官の報酬について、報酬が上がる要件を定めた規定及びその運用マニュアルを明らかにされたい。

第6、裁判官第3号報酬に関して、以下について根拠規定と運用の根拠規定を明らかにされたい。
1．裁判官が3号報酬になる時期は、裁判官任官後何年を経た何年何月から支給されるのか。
2．(1)3号報酬に最初に支給される年月に、その期の裁判官全員が支給されるのか。
(2)全員でないとすれば、その期の何パーセントが支給されるのか。
(3)その期の残りの裁判官はいつ3号報酬になるのか。

(4)３号報酬に裁判官在官中にならない裁判官はその期の何パーセントか。
３．平成22年に３号報酬になった最初の期は、何期で何人か。
４．平成22年に３号報酬になった期別の人数を明らかにされたい。
５．平成22年に２号報酬になった期別の人数を明らかにされたい。
６．平成22年に１号報酬になった期別の人数を明らかにされたい。

別紙（二）

１．裁判官の任地に関する法律、規則、運用マニュアルについて、明らかにされたい。
２．裁判官の転勤サイクルの関する法律、規則、運用マニュアルについて、明らかにされたい。
３．当該裁判官が当該任地に勤務することになるためには、だれが、どこで、どのような規定に基づいて決定するのか。そして，何年間その任地で勤務するかについては、どのような規定ないしどのような規則又は、だれの判断等で決まるのか。
その運用マニュアルも明らかにされたい。

予想はしていましたが、私の情報開示請求に対する最高裁の回答は門前払い同様の扱いでした。ごく些細な裁判所の予算額などの一部を除いて、ほとんど全部について「開示できない」というのがその答えです。

「何人に対しても、当該司法行政文書を開示するものとする」という要綱の趣旨とは裏腹で、案の定、「不開示情報」の但し書きを前面に押し出してきました。

開示された予算額はもともと公開されている情報で、わざわざ開示請求の手続きをせずとも、インターネットなどでいつでもだれでもすぐに入手できるものです。あまりにも誠意のない対応に呆れてしまいました。

◆公開拒否の取消請求を東京地裁に提訴

この不誠意な対応に対して、私は２０１０年（平成22年）1月28日、最高裁を被告として、公文書公開拒否処分取消請求事件を東京地裁に提訴しました。

この提訴に対して、東京地裁の判決（平成22年12月10日）は請求棄却、さらには控訴した東京高裁の判決（平成23年5月31日）も棄却です。

両判決の請求棄却理由を要約すると、

「要綱は、最高裁が保有する司法行政文書についての開示事務の運用の基本を定める内部規範で、行政事件訴訟としての処分の取消の訴えの対象となる処分に該当せず、不開示の対応は、処分の取悄の訴えの対象とはならない」


というものです。

この判決理由で納得するわけはありません。そこで、当然のように最高裁に上告しました。上告の理由は、次の6点です。

①原判決の憲法12条、96条に違反する憲法違反

裁判所の特殊性を考慮して情報公開を定めたものが、「最高裁判所の保有する司法行政文書の開示等に関する事務の取扱要綱」である（「要綱」頭書き）。したがって、要綱は法律に従ずるものである。

要綱が法律ではなく内部規範であって、最高裁は要綱の規定を国民に保障したものではないという原判決の論旨は、憲法の委託を受けて情報公開法と同趣旨の要綱を規定しておきながら、内部規範という理由を使用し、国民に権利性を与えないのは、憲法をないがしろにするものであって、憲法12条および98条を最高裁自ら破るもので許されない憲法違反である。

②憲法14条に違反する憲法違反

要綱を内部規範であると解すると、要綱により、司法行政文書の情報の公開を認められるものと、要綱が内部規範にすぎないといって司法行政文書の情報の公開を認められないものが存在する結果となる。

認める者と認められない者との合理的な基準を要綱自体、明らかにしていない。これは、法の下の平等を規定した憲法14条に違反する。

内部規範と解しながら、司法行政文書の公開を認めるものと、司法行政文書の公開を認めないものとの合理的基準を欠く要綱は、憲法違反である。

③憲法77条の規則制定権の濫用による憲法違反（その1）

今回の開示請求の結果、開示部分と不開示部分がある。開示と不開示の合理的な基準が明らかでない開示と不開示の合理的な基準が明らかでない要綱は、仮に内部規範文書としても、いやしくも一国の最高裁の作成した要綱としてお粗末すぎる。憲法77条の規則制定権の濫用による憲法違反である。

④憲法77条の規則制定権の濫用による憲法違反（その2）

要綱の頭書きは、情報公開法の趣旨を踏まえて、司法行政の開示の運用の基本を定めるものであること。第1条は司法行政文書の定義、第2条は何人に対して開示をもとめられ司法業文書を開示するものとする。との宣言文である。

要綱のどこにも、要綱が内部規範で開示しない場合もあるとの規定はない。広く公開を約束しながら内部規範を理由に公開しない場合を認めることは、明らかに詐欺である。国民は公開請求のための文書の作成の時間と費用、輸送量等を負担している。また、何人に対しても公開すると公言しながら公開しないことは、禁反言原則違反である。更に憲法77条の規則かどうかは別にして、最高裁作成の公文書で、詐欺、禁反言原則違反を犯すことは公序良俗違反でもある。

（編者注：禁反言原則とは、「自分がとった言動に相反する主張をすることは許されない」とする原則）

いずれにしても、最高裁自ら憲法77条違反を犯している。最高裁自ら詐欺を犯すことは、司法権の独立（憲法76条）に反し、憲法98条に反する行為である。

⑤最高裁の怠慢による憲法14条違反

原審は、要綱の形式から要綱は憲法77条の規則制定権による制定ではないという。ならば、最高裁は裁判所の司法行政文書の公開にも適用される「情報公開法」と同一の効力のある規則を制定するか、国会にお願いして、裁判所にも適用される「情報公開法」の新たな制定をお願いする義務があり、最高裁は少なくともこの義務を10年以上怠慢していることになる。

怠慢ばかりでなく、憲法14条違反である。国民は行政庁には公文書公開の請求ができるのに、最高裁には司法行政文書の請求ができないからである。

⑥原審における憲法77条の解釈の誤り

原審は、憲法77条は「訴訟に関する手紙」「裁判所の内部規律」しか制定できないと解しているようであるが、77条には「司法事務処理に関する事項」についても規定しており、この「司法事務処理に関する事項」がまさに要綱である。

したがって、要綱は「内部規律」とは別の「司法事務処理に関する事項」として制定されたもので、内部規範ではありえない。

原判決の憲法違反は明らかである。

以上、６つの理由で最高裁に上告したのですが、平成24年8月1日に上告棄却の決定が下されました。

私が最高裁に求めた公文書公開請求は、法治国家においては普通に行なわれている市民の行為であり、国民の知る権利に基づいた当然の要求です。最高裁は国民のこの当然の権利を認めなかったことになります。

かくして最高裁による裁判官のヒラメ化や裏金作りは、国民からの指摘に反論することもなく、私たちの見えないところで黙々と日々実行され続けているのです。

◆会計検査院の検査を受けない最高裁

裁判官に対する報酬が予算のとおり執行されているのか、換言すれば、裁判官の報酬に関する規程のとおり、報酬俸給表に従った支給がされているかは、裁判官予算の執行状況を検査すれば簡単にわかることです。

そこで私は、最高裁に対して情報開示を請求する一方で、会計検査院に対し、「最高裁判所の行なった裁判官の報酬、昇給、昇格、諸手当の対裁判官予算の実施状況の適正に関する会計検査の実施状況について」行政文書開示請求を行ないました。最高裁への請求から3カ月後、２００９年（平成21年）7月16日のことです。

これに対する会計検査院事務総長の平成21年7月31日付の回答は、「開示請求に係る行

政文書を作成・取得しておらず、保有していないため」という理由で、「行政文書不開示決

210普第463号
平成21年7月31日

行政文書不開示決定通知書

生田　暉雄　様

会計検査院事務総長

平成 21 年 7 月 16 日付けの開示請求について、行政機関の保有する情報の公開に関する法律第 9 条第 2 項の規定により、次のとおり開示しないことを決定したので通知します。

記

1　不開示とした行政文書の名称	最高裁の裏金、裁判官のヒラメ化の原因である裁判官 3 号報酬に関して実施した会計検査の結果が分かる文書
2　不開示とした理由	開示請求に係る行政文書を作成・取得しておらず、保有していないため

(注) この決定に不服がある場合は、行政不服審査法(昭和37年法律第160号)第5条の規定により、この決定があったことを知った日の翌日から起算して60日以内に、会計検査院長に対して審査請求をすることができます(なお、決定があったことを知った日の翌日から起算して60日以内であっても、決定の日の翌日から起算して１年を経過した場合には審査請求をすることができなくなります。)。

また、この決定の取消しを求める訴訟を提起する場合は、行政事件訴訟法(昭和37年法律第139号) の規定により、この決定があったことを知った日から6か月以内に、国を被告として(訴訟において国を代表する者は法務大臣となります。)、東京地方裁判所又は高松地方裁判所に処分の取消しの訴えを提起することができます(なお、決定があったことを知った日から6か月以内であっても、決定の日から１年を経過した場合には処分の取消しの訴えをすることができなくなります。)。

〈問い合わせ先〉会計検査院法規課情報公開・個人情報保護窓口　TEL 03-3581-3251(内2332)

定通知書」（前ページに掲載）を送るというものでした。

たった一枚の通知書で拒否されてはたまりません。通知書を受け取ってすぐに電話で詳しい理由を問い質しました。

私のさらなる追及に対し、係官は「会計検査院は、日本国憲法発布以来、裁判官の予算に対する執行状況の検査はしたことがない」という返事。

そこで、その返事の内容を書面でするよう要求したところ、「電話でなら答えられるが、書面の返答はできない」と答えるばかりでした。なぜ書面ではできないのかとの私の質問に対して、堂々と無言を通していました。まるで「それ以上、追及するな」と威圧的に言っているかのようです。

私の質問に対する係官の回答は、事実なのでしょう。会計検査院は、当然すべき最高裁による裁判官の報酬に関する会計検査を、憲法発布以来の70年間にわたって一度も行なっていないということです。

なぜなのでしょうか。会計検査院が裁判官報酬の会計検査をしない見返りとして、最高裁は公務員の違法行為に対する国家賠償請求訴訟等、官僚の違法行為の裁判を厳格にして、官僚の違法行為を容易に認めないようにしているからだという推測が成り立ちます。

このような【裏取引】が明示もしくは暗示されていると考えるのが自然です。

そこで、下級審の裁判官が官僚の違法行為を認める裁判をすることは、最高裁の逆鱗に触れることになります。逆鱗に触れれば、阿部晴彦さんのように、その後の裁判官人生においで差別的な扱いを受けることになります。

これが、金融、医療過誤、公務員の国家賠償責任、米国に関係する訴訟、原発関係訴訟等を主権者が起こしても勝訴しない理由なのです。

◆市民１０１人とともに再び情報開示を請求

私が単独で行った、２００９年４月の最高裁への情報公開請求、その不開示に対する翌年の処分取消請求訴訟、および２００９年７月の会計検査院に対する行政文書開示請求は、いずれも厚い壁に跳ね返されましたが、これで挫折するようでは真実は追及はできません。

２０１１年（平成23年）５月10日、東京高裁の処分取消請求控訴審の判決直前に、私は市民１０１名とともに最高裁に対して改めて司法行政文書の開示を請求しました。

市民の方々にはマニュアルを教示して、準備万端整えての再チャレンジです。もちろん裏金の真実追及のためです。

改めて「最高裁判所の保有する司法行政文書の開示等に関する事務の取扱要綱」に基づき、最高裁が獲得した予算中、平成22年の裁判官３号報酬に使用した予算額とその残額、平成22年の裁判官４号報酬の人員数と、平成22年度中に４号報酬裁判官中３号報酬に昇級した人員数等の公文書公開を求めたのです。

結果は、やはり不開示でした。そこで私は、１０１名を訴訟代理して同年12月29日、東京地裁に不開示は違法であるとして開示を求め提訴しました。

その第1回口頭弁論期日が翌年の２０１２年（平成24年）９月27日午後2時に開かれました。

このときです。今まで経験した事のない光景が私の目の前に現れたのです。

私は、指定された東京地裁の４２９号法廷にはいるため、エレベーターを使い、４階に上がりました。エレベーターの扉が開き、４階の廊下に出ると、なんと廊下中が警備員でぎっしり埋まっているのです。

４２９号法廷の警備のために手配したことはすぐわかりました。後で聞くと、50名近くの警備員がいたとのことです。傍聴席は8席しかないのに、この異常な警備態勢はいったい何のためなのでしょうか。おそらくこういう申し立てをするのは尋常ではない人たちだろうと推測したのかもしれませんし、尋常ではない申立人１０１名全員が法廷に集合するとでも思ったのでしょうか。

私の方は異常な【出迎え】に驚きはしましたが、怯むことなく淡々と法廷に入っていきました。

ともあれ、審理は進められ、2回の口頭弁論で結審、3回目の法廷で「本件訴えをいずれも棄却する」という判決が下されました。

当然、控訴しましたが、控訴審でも当然のように「棄却」です。そして、また私たちも当然のように、最高裁に上告しましたが、あっさりと1カ月も経たないうちに「上告棄却」の通達が一枚ペラの紙で送られてきました。

これらの顛末は、私の方も想定内ですし、１０１名の原告人たちも過度な期待をすることなく冷静に予想していました。しかし、それでも原告人たちは意欲的にこの裁判に向き合ってくれました。

ちなみに、この原告人たちは普通の市民です。私が地元・香川の人たちを無理やり集めたわけではなく、東京、千葉、群馬、大阪、愛媛、高知などの各地に居住する全国的な原告団なのです。

彼ら彼女らは、この一連の裁判を通して、多くのことを学び、主権者としての自覚が芽生えたのです。

一審、二審は、準備書面のやり取りもあり、相手方である国・最高裁からの答弁書も仔細に読んでおり、こういう訴訟に対して、国・最高裁がどういう答弁をし、どういう対応をするかもよくわかったと思います。

このことが重要なのです。「敗訴になるのは目に見えているから無駄だよ」とは、だれも思っていませんでしたし、結果、予想に違わず敗訴になっても「無駄だった」とは思っていないはずです。

裁判所を変える、最高裁を正す闘いは、こういう地道な行動があって初めて実りが見えてくるものだと私は確信しています。

最高裁が現在行なっているヒラメ裁判官作りや裏金作りという違法行為。裏金作りは、法的には虚偽公文書作成罪、同行使罪、詐欺罪、背任罪、横領罪が当てはまります。厳密にいえば最高裁長官以下、担当局長、課長、係官がグルになって行なっている違法行為ということになります。

刑法的には、背任罪の本質は「信頼関係違背による財産的加害である」とされています。ところが日本の裁判官の場合は、公務員と違って法律や人事院規則による昇級の定めがなく、お手盛りで予算を使うことが可能なのです。それならば、背任罪に問われても仕方がないでしょう。

「日本の公務員」という限られた世界の中でも裁判官はさらに特殊な、悪い意味での別世界にあって、密室で巨悪をやり放題ということになります。

利得の大きさ、被害の甚大性、国民に対する背信性といった違法性の大きさにおいても、通常予定されている背任罪や商法の特別背任罪の事案とは比較の域を超えているといってよいでしょう。

しかし、巨悪なために犯罪にならないとしたらどういうことでしょうか。もしこれが犯罪性を有していることになれば、われわれ国民は、犯罪的集団に統制された裁判所による裁判を受けていることに当然なります。

これは極めて由々しき事態といわなければなりません。この疑念を晴らすためには、昇級の時期・期間・判断基準・理由の開示など、適正手続きを明朗にすべきでしょう。手続きの透明性が切実・早急に求められているわけです。

（文責 生田 暉雄）

参考文献等

裁判が日本を変える！／生田暉雄【著】日本評論社
最高裁に「安保法」違憲判決を出させる方法／生田暉雄(著者) 三五館
「裁判官」という情ない職業―貧困なる精神０集　本多 勝一　朝日新聞社
「不思議な裁判官人事」　取材・執筆：木野龍逸、フロントラインプレス
https://note.com/slownews.jp/n/n9796b40166ca

第4章　第四の権力マスメディア

釣部　人裕

1、第四の権力であるメディアの持つ良い点と問題点

２０２０年春――。新型コロナウイルスが猛威を振るうなか、フランスのノーベル賞作家、アルベール・カミュの小説『ペスト』（１９４７年）が再び脚光を浴びました。私も、読んでみた。この本で描かれていたのは、私の想像とは違い、「目に見えず、触れることもできない敵」が容赦なく人々の命を奪い去る不条理でした。

『ペスト』の中では、コロナ・パニックと重なるようなシーンも数多く描かれている。役人たちは経済活動を優先するあまりウイルスの脅威を軽視し、人々は「いつ、誰から病気をうつされるかわからない」という不信感に苛まれ、市中にはデマが流布します。感染が拡大する前、「原因不明の熱病」について、新聞は軽い扱いで「二、三言言及する程度で」満足しています。

時の政権の顔色をうかがうのが日本の大手メディアであることは、自明の理です。現に日本では、この体質は、昭和・平成の時代から何一つ変わっていません。権力にとって都合の悪い情報は封殺されます。

私たちがいつまで経っても現実や事実を何も知らないままなのは、大手メディアが「伝えるべき事実」を報じないからです。

自社にとって不都合なこと、政権や広告のスポンサーらの機嫌を損ねるようなことが報道される機会は皆無に等しく、その忖度の度合いはいっそう深まり、国民にとって重要な問題が以前にもまして報道されなくなっているように思うのは、私だけでしょうか？

風の時代になっても大手メディアには数多くのタブーがあり、期待できない。

なら、自分が風になるしかないのか…。

だからこその、真実であろう情報の発信基地、万代宝書房であり、ツリヒロスタジオ桜台なのだが…。

◆第四の権力と言われて久しいが…

行政・立法・司法の三者の権力に加えて、ジャーナリズムや報道機関など、メディアが持つ社会的な影響力を三権（行政・立法・司法）に次ぐ権力として第四の権力といわれることがあります。ジャーナリズムや報道機関は、政権、政治家などの権力者や権力団体に対して監視、批評、報道することで、社会にとっての「チェック機能」を果たすことが期待されています。

第四の権力は、政治権力、行政権力、司法権力に次ぐ、独自の権力を持つとされ、メディアが独自に持つこの権力は、時には政府や企業などの権力者に対しても、自由な報道活動を行うことができるという意味で、民主主義社会において非常に重要な役割を担っているのです。

さらに、最近では、アラブの春やイスラム国などの発端に、【Twitter】【Instagram】【Facebook】【YouTube】などのSNS〔social networking service（ソーシャル・ネットワーキング・サービス)〕を第五の権力と呼ぶ人もいます。

【2022年最新】報道の自由度ランキングを見てみましょう。

報道の自由度ランキングとは毎年「国境なき記者団」によって調査・発表される報道の自由に関する国際ランキングである。1位ノルウェー、2位デンマーク、3位スウェーデンで、180か国中、日本は、71位、先進国ではG7国家の中で最下位です。ちなみに、アメリカ42位、180位が北朝鮮です。

「報道の自由」よりも「報道の不自由」に着目される結果です。

次に、第四の権力であるメディアの持つ良い点と問題点を整理してみましょう。

【良い点】

チェック機能：第四の権力として、政府や企業、社会的な権力者に対して監視、批評、報道することで、社会にとっての「チェック機能」を果たすことが期待できる。

情報提供：メディアは、様々な情報を提供することで、社会的な知識や認識を向上させることができる。

意見表明：メディアは、独自の視点や意見を表明することで、社会的な議論の促進や問題解決に寄与することができる。

報道の自由：メディアの報道の自由は、民主主義社会において、自由な意見表明と情報提供を保証するうえで非常に重要な役割を果たしている。

【問題点】

バイアスやフェイクニュース：メディアが偏向報道やフェイクニュースを流すことがあるため、報道の信頼性が問われることがある。

情報操作：政治的、経済的な利益や意図によって、メディアが情報を操作することがあるため、社会的な不信感が生まれることがある。

クリックバイト：メディアが記事やコンテンツのタイトルや内容を、クリック数やアクセス数を増やすために誇張し、情報の本質的な部分を無視することがあるため、報道の質が低下することがある。

プライバシー侵害：メディアが報道することで、個人のプライバシーや人権を侵害することがあるため、報道の倫理的な問題が生じることがある。

このようにメディア報道には、明と暗の両面があります。

◆メディアの役割は権力監視

以下は、刑事司法に限定して話を進めます。

メディアが特定の人物を犯人視する報道をすれば、その見せ方によっては、多くの国民は、その人物を犯人視してしまいます。それゆえ、意図的に冤罪をつくる側は、メディアをうまく利用して世論をつくり、事件性、犯人性をつくることをしています。

再審で無罪になった事件、例えば、「氷見事件」「足利事件」「東電ＯＬ事件」「布川事件」「東住吉事件」、無罪になった「郵政不正事件」では、事件当時にどのような報道がなされたのかといえば、被告人を犯人視する報道です。さらには、再審開始決定が２０２３年２月に出た「日野町事件」、３月に出た「袴田事件」、冤罪が疑われている有名な事件としては、「狭山事件」「名張毒ぶどう酒事件」「福井中学生殺害事件」「北陸クリニック事件」「恵庭事件」「特急あずさ事件」「大崎事件」「和歌山カレー事件」「高知白バイ事件」などが挙げられます、すべて、被告人を犯人視する報道でした。

警察、検察の逮捕や起訴の主張は、当局の一つの見解でしかありません。メディアは、第四の権力、権力の監視という役割からすると、当局の主張は一つの見方でしかないという視点で、当局の見方に問題はないのか？　例えば、人権に配慮されているか？　捜査に違法性はないのか？ 他の犯人の可能性はないのか？ 主張に矛盾や無理筋がないのか？ などの視点で検証し、報道すべきなのです。

ところが、「犯人を裁いてやる！」と思っているか、自分が警察や検察、裁判官になった気でいるかの如く、大きな勘違いをしているメディアが多い。**メディアが裁く（監視す）べきは、被告人ではなくて、警察や検察や裁判官の方**なのです。

国民も、そのことを知るべきなのです。裁判員裁判で、裁判員になっても、裁かれているのは被告人ではなく、検察官の立証なのです。検察の検察官のストーリーや立証に、合理的な疑いを差し挟む余地がなければ有罪で、弁護側の見方もしっかりと聞いて、検察の主張に合理的な疑いを差し挟む余地があれば、もしくは、判断がつかないのであれば、「疑わしきは被告人の利益に」の原則で、無罪にするのが本来なのです。弁護側は、無罪の立証まではしなくていいのです。しかし、このことを報じるメディアも少ないのです。

2、日本独自の司法記者クラブ制度

◆司法記者クラブ

なぜ、このようなことが起きるのかといえば、その大きな原因の一つに、「記者クラブ」の存在があります。「記者クラブ」とは、大手メディア（新聞社・通信社・テレビ局など）

から派遣された記者が取材のために常駐している拠点、あるいは記者の任意団体そのものを指します。

どの新聞やテレビを見ても「報道が横並びで、一過性、表面的」「問題を掘り下げた記事が少ない」というメディア批判の根底に、記者クラブ問題が存在しています。発表ジャーナリズムは、ジャーナリズムとは正反対のもので、残念ながら、今の大手新聞やテレビ報道は、国民のジャーナリズムではなく、政府、官庁の広報紙・番組と化していると言っても過言ではありません。

ここでは、「司法記者クラブ」に限定します。

「司法記者クラブ」は、裁判、および検察の捜査動向について取材する社会部記者が所属します。

記者クラブは日本独特の制度で、記者クラブの歴史は、明治時代にまで遡り、１８９０(明治23)年秋に帝国議会が初めて開設された際、時事新報記者らが主導して組織した「議会出入記者団」で、議会の取材を当局に一致して、要求したのが始まりといわれています。明治38年には司法省の「司法記者倶楽部」が誕生しています。

第二次世界大戦や連合国軍総司令部（ＧＨＱ）による占領期など、社会情勢に応じて記者クラブの役割は変化があったものの、１９９７年には、日本新聞協会が記者クラブを「公的機関が保有する情報へのアクセスを容易にする『取材のための拠点』」と定義し、閉鎖性に対する批判を受けオープン化を進めるなど、記者クラブを改革する動きも見られ始めていますが、今だに、フリージャーナリストの記者会見の参加などには、厳しい現実があります。

◆司法記者クラブの功罪をチャットＧＰＴに訊いてみた

最近話題の、インターネット上の大量のテキストデータを参照・学習した人工知能（ＡＩ）が搭載された「Chat GPT」なる機能を使ってみました。質問を入力すると、チャット形式でその質問に対し、回答をしてくれます。

そこで、ＡＩは何と答えるのかを知りたくて、ＡＩのChat GPT（チャットＧＰＴ）に、「司法記者クラブの功罪について、教えてください。」と質問してみました。回答は以下の通りでした。

司法記者クラブは、裁判所での報道機関の取材において、クラブに所属する報道機関のみが情報を得ることができる独占的なシステムです。このシステムには、以下のような功罪があるとされています。

【功】

1，裁判所の情報を収集し、公正かつ迅速な報道が可能になること

司法記者クラブに所属する報道機関は、裁判所での情報を収集することができます。

そのため、一般の報道機関に比べ、公正かつ迅速な報道が可能になるとされています。

2, 裁判所での混乱を防ぎ、報道の秩序を維持すること

裁判所での報道において、取材陣が混乱することがあります。司法記者クラブによって、報道の秩序を維持し、裁判所での混乱を防ぐことができます。

【罪】

1, 情報へのアクセスが限定され、報道の多様性が損なわれること

司法記者クラブに所属しない報道機関は、裁判所での情報収集ができません。そのため、報道の多様性が損なわれるとされています。

2, 報道機関同士の癒着が生じ、公正な報道が行われないこと

司法記者クラブに所属する報道機関同士が癒着し、公正な報道が行われないことがあるとされています。また、司法記者クラブに所属する報道機関が、裁判所に忖度して報道することがあるとも指摘されています。

以上が、司法記者クラブの功罪についての一般的な見解です。しかし、個々の事件や状況によって、その影響や評価は異なる場合があります。記者クラブ問題ではしばし情報源と記者クラブのもたれ合いや癒着の構造が取り上げられる。

同様に、Chat GPTに「警察記者クラブの功罪について、教えてください。」と質問してみました。回答は以下の通りでした。

警察記者クラブとは、警察庁が設立した報道機関と警察関係者の交流団体です。このクラブに加入すると、警察に関する情報やインタビューの取材が容易になりますが、一方で報道機関の自主性が制限されることが指摘されています。

その功罪については以下のような点が挙げられます。

【功】

・警察に関する情報収集が容易になるため、警察の取り締まりや事件の報道などがスムーズになる。

・警察側からの情報提供や取材の許可が得やすくなるため、取材や報道の幅が広がり、正確な報道が可能になる。

【罪】

・報道機関の自主性が制限されるため、警察の都合に沿った報道がなされることがある。

・警察から情報提供を受けた報道機関が優遇され、情報提供を拒否する報道機関が不利になることがある。

・警察側からの情報提供に過度に頼るため、独自の情報収集能力が低下することがある。

・警察の立場からの情報提供が優先されるため、警察の問題や不祥事が報道されにくくなることがある。

以上のように、警察記者クラブには報道に対する様々な制約があるため、メディアの自由という観点からは問題があるとされています。一方で、警察の取り締まりや事件に関する報道をスムーズにするという点ではメリットがあるため、その効果については議論が分かれるところです。

Chat GPT には、主に「3つ」のメリット、「2つ」のデメリットがあるそうです。

メリットは

・膨大なデータから情報取集ができる
・時間を短縮できる
・悩み相談ができる

デメリットは、

・正確性に欠ける場合がある
・専門性すぎる質問に対応できない

だそうです。まさに、この回答通りで、今回の私の質問に対しても、「一般論としては、全くその通りです」というものでした。

共同通信出身で、元同志社大学大学院教授の浅野健一氏は、「日本にしかない「記者クラブ」は海外のプレスクラブとは、全く異質の、記者が記者を差別・排除するための制度でと言われています。日本新聞協会英文ホームページでは、記者クラブは「Kisha club」ないしは「Kisya Kurabu」と訳されている。英訳を担当した専門家が、「Press Club」と訳すと、その封建的・排他的性格が伝わらないと思ったのだろう。」と述べています。

３、メディアは、本来の役割に戻らなければこの国は終わる！

◆取材現場の現実と当局からのリーク

実際に私が体験したことを話します。

記者会見の後や、取材の後、各社の記者たちが輪になって、話の内容の確認をしています。これで、得た情報はみんな同じになります。こちらから、情報提供する場合は、Ａ４１枚のペーパーにポイントをまとめて欲しいと言われます。

後日、その内容が記事になることもありますが、ほとんど取材もせず、ペーパーやネット検索をして、記者たちは記事を書き始めます。不明な点には質問が来ることがないわけではありませんが、けっこうな割合で記事は大部分が丸写しか、文章の順番を変えたり、テニオハを一部変えただけで記事にしていきます。そして、どこの新聞を見てもほとんど同じような記事が掲載されたのです。

もちろん、すべての記事がこのようなシステムで作られているわけではありません。記者が独自取材した記事もあったし、独自取材や調査報道もあるにはありました。

しかし、記者クラブが取材の中心基地であり、ここで発表されたものが自動的にコンベヤに乗って記事となり、新聞紙面になっていきます。

マスメディアでは、誰もが当たり前と思ってこのシステムに疑問を持ちません。これが約百年にわたって日本のジャーナリズムに定着してきた日本特有のニュース製造工場としての記者クラブの弊害です。

刑事司法では、その情報源は、警察か、検察です。事件が起き、捜査が始まると頻繁に、「夜討ち、朝駆け」の取材をする場合もあります。これの対象は、警察関係者もそうですが、被疑者や被疑者家族など、マスコミが犯人視した人に対しても同じです。つけられたりもします。関係のない実家、職場、友人にも取材に行きます。そうされることで、被取材者は、孤立していくことが多くなります。

記者は、警察・検察の意に反する記事や、警察を批判するような記事を書くと、「出入り禁止」になり、情報が入ってこなくなります。つまり、そういう記事を書けないので、自主的に忖度が働くのです。

意図的に記者をコントロールするために使われるのが「リーク」です。リークは、「秘密の情報を漏らすこと」、つまり「意図的な情報漏洩」ですが、特定の記者に【貸し】をつくるという効果があると同時に、警察捜査に対する世論づくりにも使われます。

そして、当局と記者クラブの間でほぼ情報を独占され、他を排除することによって官とマスメディアの癒着、談合が生まれやすくなります。

前田恒彦氏（元特捜部主任検事）は、【リークのデメリット】を以下のように言います。

【捜査に与える悪影響】

リーク報道により、自分（達）が捜査対象だということを相手に対して明確に認識させることで、証拠隠滅や口裏合わせ、逃亡、自殺を招く。捜査の手の内が分かれば、狡猾な被疑者らが新たな弁解を構築したり、捜査当局が把握していない未解明の事実を覆い隠すことも可能となる。

【リーク報道の不正確さ】

取調べ担当官の主任捜査官や幹部らに対する報告など、伝聞・再伝聞だ。被疑者や参考人から遠い人間になればなるほど、伝言ゲームのように、その耳に入るのは、実際の取調べ状況や供述内容からかけ離れた情報となるし、そうした立場にある幹部のリークやこれに基づく記事も、不正確なものとならざるを得ない。

【既成事実化】

リークやそれに基づく報道の一番の問題は、報道内容が独り歩きし、それがあたかも「真実」であるかのように、捜査当局のみならず、社会一般の間でも「既成事実」となってしまう。現場に様々な重圧がかかって捜査が誤った方向に進んだり、後に引けなくなるといった危険性も出てくる。

社会に、「警察は、まだ、犯人を逮捕できないのか。何をしているんだ」などという雰囲気が熟成され、現場にさまざまな重圧がかかって捜査が誤った方向に進んだり、後に引けなくなるといったことも起きます。

記者たちは、被疑者として報道した人物が冤罪と判明するなど報道メモの内容が誤りだったとしても、記事の冒頭に「警察によると」とすれば問責されることもありません。発表内容の誤りを指摘したり、疑問点を記事にしたりすれば、警察から抗議され、ときには「出入り禁止」になります。それなら無難な記事を書くほうが楽だし安全、そうして記者らは自社内や記者クラブ内の「空気を読む」ようになり、次第に他社との横並び意識が生まれたのです。

私は、以前、ある記者の取材を受けて、「わかってもらえたなー」という感触を得ました。ところが、FAXされた記事の原稿を読むと、言ったことが書かれていないし、言ってもいないことが書かれていました。そのくせ、「記事のチェックをしてくれ、これで出していいか？」と何度も電話してきました。私は、納得がいかないので、わざと締め切りの時間を過ぎても返事をしませんでした。

翌朝、記事を見ると、そのまま出されていました。そこで、その記者に、「どういうことだ。言ったことが書かれていないじゃないか？　確認してもしなくても記事を出したじゃないか？　それでもジャーナリストか？」と抗議しました。

返ってきた答えに驚きました。

「釣部さん、僕らは、所詮サラリーマン、サラリーマンなんです。もう、デスクで記事の方針は決まっているんです。僕が書いたから、あのレベルで済んだので、僕があなたの言う通り書いたら、デスクに怒られて、もういい！ と言われます。そして、デスクが自分で記事を書いたら、もっとひどい記事になってましたよ。わかってくださいよー」と抜かしたのです。

私は、あきれ返り、「わかるわけないでしょう。二度とあなたとの取材は受けませんから…」と答えたのです。

これが、現場の記者の現実でした。

◆世論と反する結論を出すことにプレッシャーを感じる？

これまで述べてきたように、報道機関は市民の知る権利に奉仕するものであり、記者クラブも「国民の知る権利」を擁護するための一つの機関として、「第四の権力」として、権力に迎合ではなく、「権力を監視」する「記者クラブ」へ、真の改革できないのであれば、無い方がいいのです。

無罪判決を多数出していることで有名な元裁判官の木谷明弁護士が、東京高裁の裁判官だった時代に、裁判体内部での評議の内情を、判例時報 No. 2261（判例時報社）で明らかにしていました。

「日本中が有罪と信じているこの事件で、どうして裁判所だけが無罪を言い渡せるのか。」

（同書19頁注（23））

ロス疑惑殴打事件の東京高裁裁判長が真顔で発言していたそうです。本来であれば、証拠に基づき、事実認定を積み重ね、検察の立証に合理的な疑いを差し挟む余地があるのかどうかを判断するのが、裁判官の論理則、経験則です。しかし、このような発言を見ると、公判の中で真実を見極めようとする意欲に乏しく、**報道等による市民感情に裁判官が影響を受けています。**

無罪の人、無実の人を有罪にすることについてのプレッシャーよりも、世論と反する結論を出すことにプレッシャーを感じるようです。残念ながら、有罪にすると最初に結論を決めた上で、どのように有罪にするかを考えているのでしょう。

このような裁判長が一人いるということは、ハインリッヒの法則（労働災害の経験則の一つとして知られているもので、1件の重大な事故の背後には、29件の軽微な事故、さらに、事故にはならなかったが、ヒヤリとかハッとした事例が300回あるというもの）でいえば、他に300人いるということになる。

単純計算で言えば、そのすべてが冤罪とは言わないが、300人が1年間に出す判決の数×勤続年数の分だけ、冤罪の可能性があることになります。部分冤罪も含めれば、概数で言えば1000件や2000件を軽く超えることでしょう。1年に一つの冤罪判決が表に出るとすると、年間３００件は潜んでいることにもなります。
こういう裁判官がそれなりの人数いる中で、刑事裁判が行われています。

「袴田事件」で２０１４年に静岡地裁で再審開始及び死刑囚に対する釈放（死刑・拘置の執行停止）を認める決定を出した村山浩昭元裁判官は、ＮＨＫの取材に、「前例がない判断を出すことには、不安や恐怖はあった」と答え、そして、「元裁判官としては、再審によって自分のやった裁判がひっくり返されたら大変辛いわけですが、それでもやはり救済されるべきものは救済されないとおかしいと思います。」と答えています。

こういう裁判官に出会えるといいのですが、第3章でも扱いましたが、ヒラメ裁判官が多数いるのが現実だということをわかっておく必要があります。悲しいかな、どの裁判長にあたるかによって、自分の運命が左右されるというのが現実なのです。

こういう現状の中、裁判で被告人に寄り添えるのは、真のジャーナリズムと正義の弁護士しかいないと私は強く思うのです。

「報道には客観報道という柱があります。では、客観報道とは何か。実は、事件報道においては、客観報道とは捜査当局による認定を指していました。つまり、公的機関がある事案をどのように見ているか、それが客観性の証しだったわけです。

◆事件報道はどうあるべきなのか

先に、ロス疑惑殴打事件の東京高裁裁判長が「日本中が有罪と信じているこの事件で、どうして裁判所だけが無罪を言い渡せるのか。」と真顔で発言していたという記事が掲載されたことは述べました。

ロス疑惑事件では、「疑惑の銃弾」と題した連載が『週刊文春』に掲載されたことで騒然となり、「三浦和義氏は悲劇を演ずる悪人だ」という世論が作られ、世論はついには、「警察はなぜ三浦を逮捕しないのだ」という市民感情にまで達しました。

三浦氏が２００８年にアメリカの拘置所で自殺してしまったので、真相は藪の中になってしまいましたが、ロス疑惑事件（東京高判平成10年７月１日判時１６５５号３頁　平成６年（う）第１２００号　殺人、詐欺、銃砲刀剣類所持等取締法違反、火薬類取締法違反被告事件）の判決の中で、裁判長は、マスコミ報道の影響について「二　本件の事実認定に関連して一言付言しておくこととする。」として、

「本件は、ロス疑惑銃撃事件として、激しい報道合戦が繰り広げられたいきさつのある事件である。マスコミの調査報道が先行して事件を掘り起こし、これが引き金になって警察の捜査に発展した経過があったことと、事件の謎めいた内容や、犯人と疑われたXの言動

の特異さ等が加わって、格別世間の注目をひいた。週刊誌や芸能誌、テレビのワイドショーなどを中心として激しい報道が繰り返されたが、こうした場面では、報道する側において、報道の根拠としている証拠が、反対尋問の批判に耐えて高い証明力を保持し続けることができるだけの確かさを持っているかどうかの検討が十分でないまま、総じて嫌疑をかける側に回る傾向を避け難い。」

「ところで、証拠調べの結果が右のとおり微妙であっても、報道に接した者が最初に抱いた印象は簡単に消えるものではない。それどころか、最初に抱いた印象を基準にして判断し、逆に公判廷で明らかにされた方が間違っているのではないかとの不信感を持つ者がいないとも限らない。そうした誤解や不信を避けるためには、まず公判廷での批判に耐えた確かな証拠によってはっきりした事実と、報道はされたが遂に証拠の裏付けがなく、いわば憶測でしかなかった事実とを区別して判示し、その結果、証拠に基づいた事実関係の見直しを可能にすることの重要性が痛感される。」

と説示しています。（傍線：筆者）

日本の司法には「推定無罪の原則」という近代法の根幹をなす基本があります。「何人も有罪と宣告されるまでは無罪と推定される」という、ごく当たり前の考え方です。「コイツは犯人」と決めつけて、お白洲裁きが許されたのは、封建時代の悪弊、戦前まで連綿とそれが許容されてきたのは、日本司法の消したい過去だから、民主日本の新憲法下では、もう一切やめようね、と決めたのです。

有罪の立証責任があるのは、検察です。その証拠が虚偽でないか、証人も出廷させ、また、冤罪の場合、無罪の主張を展開するのが弁護士の役割です。裁判官（裁判員も）は先入観を排除し、公平に法廷で「間違いのない事実」だけを厳格に認定、有罪か無罪かを最終的に判断するのが鉄則です。

ところが、特定の人物が実名で、犯人であるかのごとく報道されれば、冤罪であった場合に、冤罪被害者に極めて不利な状況が社会的に造られてしまうのです。過剰な報道により、犯人視する世論が形成されれば、裁判官でさえも、それに大いに影響を受けるのです。

重大事件、凶悪事件で特にみられるのが、捜査機関から得た情報をそのまま報道し、被疑者を犯人視する報道を先行して行い、自分が裁いてやる！　と勘違いし、社会的制裁を司法よりも先に下してしまうのです。

ほんの一握りのテレビ番組では独自取材により、徹底した冤罪の検証をしているものもあります。冤罪が起きた時に、徹底的にその原因を追究し、冤罪加害者がどのようにして冤罪加害をしたのかを検証することで冤罪の再発防止に貢献できます。しかし、残念なことに、こういう番組も、スポンサーがつかないなどの理由で番組がなくなっていっています。

◆逮捕時のブルーシート

事件が起きて、被疑者の逮捕時の様子が報道されることがあります。その時に、ブルーシートに隠されている場合と、市中引き回しの刑のごとく手錠は何かで隠されているものの、歩く姿が撮影されている場合があります。

警察が、三浦和義を逮捕する際に、遠くに護送車両を置き、報道機関のカメラマンを大勢並べて、その前を手錠をかけた三浦和義を歩かせて撮影させました。三浦和義は拘置所から多数の損害賠償請求訴訟を起こし、殆どの事件で勝訴しました。以後、警察は被疑者を興味本位の覗き趣味の報道機関の晒し者にすることを止めることはできたはずなのです。まさか、これを忘れたわけはないはずですが…。

さらには、そもそも、なぜ、多くのマスコミが何時どこで、誰を逮捕するのかをつかんでいるのでしょうか？

事前に、警察が記者クラブにリークしたからです。当局とメディアがズブズブの関係だというのは、東京高検検事長の黒川弘務氏が、在職中に知人の新聞記者ら３人と賭けマージャンをしたことと、有罪になったことを見ても明らかです。さらには、ニュースでいわれる「捜査関係者によると…」というのも、リークです。権力側にいいように利用されているのがジャーナリズムだと言えるのでしょうか？　突っ込むと自分はサラリーマンだと逃げるようなレベルなのでしょうか？

私の仲間も体験しましたが、冤罪被害者の方も同じことを言っていましたが、やってもない、話してもいない、裁判も始まっていない事件のことを警察のリークでまるで真実のように記事にされて、それを何日も監禁されて取調べ室で見せられ、心が折れてしまい冤罪を認めさせられた人もいます。そうなると、事件報道の中のリーク情報を報じるメディアを信用しないほうがいいです。

当局がメディア取材に対応し、面識のあるメディアは、公式発表として捜査に支障を生じない程度の捜査の進展や状況を随時発表しています。それは、国民の知る権利に答える側面もあるのでしょうが、被疑者の弁解や情況について、捜査機関が恣意的に発表する内容は、国民がその犯罪に対する心証を、さらには裁判官の心証を操作する可能性があります。ですので、争いがある事件では、そういう内容には、特に慎重でなければならないのです。

日本のマスコミは、多くの事件で逮捕者が出るとニュースとして流しますが、その後事件がどうなったか（起訴されたか、裁判があったかどんな判決か）などはあまり流しません。

記者に訊くと、読者・視聴者の興味がないからだ、と答えました。

確かに、多くの視聴者は逮捕された被疑者の「その後」にはあまり興味を持ちません。したがってマスコミも報道しません。しかし、逮捕されたのが、いわゆる有名人や事件そのものが視聴者の興味を惹くものであれば、被疑者逮捕後も起訴から公判、判決に至るまで詳細に報じます。

視聴者が見たいと思うニュースを流し、より多くの人々に視聴してもらう、あるいは手に取ってもらうことがマスコミの営利につながるからです。メディアは、営利企業だということも知っておかなければなりません。

◆メディアで市民感情をあおる

捜査機関の暴走を引き起こす遠因として、着実な捜査よりも速やかな容疑者の逮捕などを求めるマスメディアの報道や、そういった誘導に引きずられる国民世論などの問題も指摘されています。

ロス疑惑事件のケースは既に述べました。三浦氏は結果的に殴打事件で有罪となったものの銃撃事件では氏名不詳との共謀を検察は立証することができず、日本では無罪が言い渡されています。

また、和歌山カレー事件（１９９８年）でも、林眞須美氏が報道陣にホースで水を掛ける様子を含め、ことさらに悪人であるかのごとく報道が過熱し、裁判では動機が解明されないまま、情況証拠のみで、無差別殺人犯として死刑有罪が確定してしまっています。

以前よく利用されていた（最近は見ないが）のが、林眞須美氏が報道陣に水を掛けるシーンの映像や写真です。

あの数秒だけを見ると、とんでもない人に見えるかもしれないが、記者たちは数日前から、家の周りをうろつき、インターホンを何度も押して取材を申し込んでくる。道路には、静かな街の道路にタクシーが何台も止まって待機し、近所迷惑になっていた。さらには、脚立に上がり、家の中を覗き込む記者が何人も何日間も続いていたのです。

これは完全に、人権侵害です。これだけの人権侵害を受けている中で、業を煮やした林眞須美氏が対策として、水を撒いたのがあのシーンです。

メディア各社は、自分たちがどれだけのことをしたか報じないで、とんでもないことをする人と思わせるような報道をしたのです。

〝メディアスクラム〟の象徴に…　問われた事件報道のあり方（クローズアップ現代 2021.7.16より引用）

正直、事件当時は、メディアの報道を見聞して、私も林眞須美氏が犯人だと思っていました。しかし、今は再審弁護団の説明を聞いて、この事件は冤罪だと思っています。

甲山事件（１９７４年）のように、一度被疑者が証拠不十分で不起訴となったにもかかわらず、検察審査会の不起訴不当議決で再び被疑者に嫌疑がかけられて起訴されて無罪となった事件もあります。この事件では、**一度も有罪になっていないにもかかわらず、**地裁、高裁、最高裁、差し戻し第一審、第二審という**25年間5回もの裁判を経てやっと無罪判決が確定**したのです。

この冤罪事件の端緒をつくったのは、市民から選出された検察審査会です。検察が証拠不十分で不起訴処分にした同事件の「容疑者」を「不起訴不当」と決議したのです。同検察審査会は、結果として25年間もの苦難を、当時の「容疑者」に強いてしまったのです。

その間、メディアは何をしていたのでしょうか？

一方で、ある刑事事件が冤罪であると暗に指摘した検察審査会の議決する検察審査会の議決もあります（徳島ラジオ商殺人事件（証人による偽証罪の審査）、丸正事件（被害者親族による殺人罪の審査）、高知白バイ衝突死事件（警察による証拠隠滅罪の審査）です。

何度も言いますが、報道機関の役割は、事実の報道を通して、国民の知る権利に奉仕することです。このことは権力の監視にもつながるのです。

しかし、こと事件報道になると、中立公正であるはずの報道機関が、多くの場合、捜査当局からの発表を鵜呑みにして、偏った報道をするのです。事件が凶悪事件であればあるほど、その傾向は強いように思います。凶悪犯を許さないとする捜査当局と市民感情に迎合するあまり、報道機関が、警察より先に被疑者を社会的に裁くというようなことが起きているのです。

これが後に、冤罪だったと明らかになった場合、報道機関が冤罪に加担をしたことになるのです。

市民感情というものは、メディアによって形成されるものが大半です。凶悪事件において、被害がいかに酷かったかを強調することによって、加害者の厳罰化を望む市民感情が形成さ

弁護人・メディアも冤罪に加担

◆冤罪に加担した弁護士

逮捕から2～3日して、Yという当番弁護士が来ました。今も富山弁護士会の副会長です。「やったのか」と聞かれ、「やってない」と言うと、「調査する」と言って帰りました。その間、2分ぐらいで、Y弁護士はその後、拘置所に移されるまで一度も面会に来ませんでした。

起訴されてから、Y弁護士は、今度は国選弁護人として面会に来ました。調査結果を教えてくれるのかと思っていたら、「被害者に金を払うと猶予がつく」と言うのです。その時、私は「金を払ってくれ」とは言わなかったのに、Y弁護士は私の兄たちに金を出させ、未遂の被害者に50万。既遂の被害者方に200万払ってしまいました。結局、面会はこの2回だけでした。あわせて10分ぐらいです。

公判前に、弁護士との打ち合わせはありません。初公判の時に、弁護士から被害者に慰謝料を払ったことを知らされ「裁判所の言うとおりに認めれば軽くなる」と言われました。それで、もう否認できなくなりました。

公判の2・3回目のことはよく覚えていません。検事が何か書類を読み上げただけで、証人調べもなかったです。4回目の公判で判決になり、懲役3年でした。中牟田博章裁判長は、自白調書や似顔絵だけで有罪にしました。弁護士は「真面目にやってれば、すぐ出てこれる」と。「控訴するな」ということです。それで判決が確定しました。

◆地元メディアが犯人視報道

後で知ったのですが、私の逮捕は、北日本放送で犯人として報道されました。北日本新聞、富山新聞、北日本放送からは再審無罪の後、謝罪されました。

鳥取県警に捕まった真犯人が自供したということは、昨年1月19日、ケーブルテレビの字幕で知りました。警察からはそれまで何も聞いていません。

警察が真犯人について発表した後、いくつかのメディアに「金

れます。これは、広告において、不安や恐怖を煽ることで、商品の購買意欲を高めようとするものと同じ類です。今では、ＳＮＳの影響も極めて大きいのです。

前述のような犯人視報道によって、「この人が犯人だ」という特定の人物を有罪視する市民感情が形成され、それが裁判官や裁判員にも多大な影響を与えているのです。

現実には、その人物を弁護する弁護人の中にも、そのような報道の影響を受け、被疑者に否定的な先入観を持つ者もいます。また、本人は、そうでなくても、「なんで、お前の親父は、あんな人の弁護をするのだ」と子どもが学校でいじめられるから弁護人を引き受けられない、あるいは、顧問契約を切られるから引き受けられない等、家族や事務所を守ることを優先せざるを得ないという弁護士も実際に何人もいました。

「権力を監視する」「冤罪をなくする」ことに貢献する視点から見れば、メディアがすすんで冤罪加害者を報道することによる影響に期待します。それによって、市民感情は、真犯人の発見も大事だが、冤罪はあってはならない、という方向に動き出すと思うのです。

メディアが率先して、真実を報道し、冤罪防止の一役を担うべきだと思います。

「被告人」に対する「悪人のレッテル」、「偽りのレッテル」が、「権力に迎合する、お商売目的のメディア」によって拡散され、「市民感情」は「権力者の意図」の通りに誘導されていくのが、残念ながら今の多くのメディアの姿なのです。それは一種の情報操作です。

◆権力に迎合する、お商売目的のメディア

メディアの真の役割とは、一体何でしょうか?

どんな権力に対しても中立の立場を貫き、情報を持っている人と情報を必要としている人を繋ぐことが、まさに「メディア」=「媒体・仲介者」の本来の役割です。

事件報道では、ニュースソースが県警に限定されるために、メディアは、警察発表をそのまま報道する傾向にあり、警察発表が正しいかを記者が検証してからの報道や人権に配慮した報道はなされているとはいえない現状があることは、これまで述べてきました。ロス疑惑事件、足利事件、東電ＯＬ事件、和歌山カレー事件、東住吉事件、湖東記念病院事件、松本サリン事件の第一通報者の方などへの報道姿勢をみれば、それは明らかです。

和歌山カレー事件では、死因の変遷などを鵜呑みにしたメディア、「麻婆豆腐事件」「中華丼事件」「牛丼事件」「うどん事件」「火傷事件」「やびつ荘事件」「健治高度障害事件」などのすぐにわかるような間違いを指摘しない、証人泉克典の問題点、林眞須美の動機が解明できることなど報道をしないことが、それです。

同じような高度障害は一生に2回はありえないし、他人にヒ素を入れられて死にそうになっているにも関わらず、同じ人が作った食事を何回も食べる人はいません。さらには、カレーに投入されたヒ素の量は１３５ｇで、４５０~１３５０人の致死量相当だとされています。林眞須美氏がこれだけのヒ素を投入したとするとカレーを食べた67名全員を殺す

意図があったことになります。地域住民全員を敵に回す行為で、それほどの犯行を決行するだけの、地域に対する相当のよくない感情をもっていたはずです。地域の大半が被害者になっているので、地域に住み続けることは困難です。だとすれば、犯行後、地域を出て行く予定があったと推測され、そのあたりは、記者が調べれば、すぐにわかるはずです。

こういう調査報道をせずに、林眞須美を悪人視、犯人視する報道を続けました。少なくとも、生田暉雄弁護士が再審申立書で指摘する数々の問題点を真正面から報じたメディアはほとんどありませんでした。

多くのメディアは、権力に迎合し、視聴率や購買数さえ増えればよいという体質を持っています。このような報道により、林眞須美氏に、偽りのレッテルが貼られ、市民感情は、メディアから発せられたイメージで林眞須美氏を有罪視し、裁判所も無罪にすることができにくくなっていったのです。

ある裁判官は、以下のように言ったそうです。

「正直なところ、世間を騒がした凶悪無惨な事件については、『真犯人を逃しては…』という意識、責任感が、裁判官のこころに重くのしかかっていることが多い。無罪判決の方が有罪判決よりも概して書きにくい、といわれることがあるのも、こんな事情があるからだろう。」

メディアは、第四の権力として、本来の役割に戻らなければ、この国は終わると思うのです。

「冤罪事件は捜査機関がつくり出し、裁判所が認めてしまうことによる悲劇です。組織が冤罪をつくります。事件の見立てを警察組織で決めたら、絶対に曲げようとしない捜査手法や、高圧的な取り調べ、それが発端です。組織が誤った方向に進んでいても組織内にブレーキをかける人はいないし、制度もありません。

冤罪事件にメディアが加担してきたことも否定できません。報道機関も記事にするときは必ず『当局』の見解を得なければなりません。捜査権限のない記者が真実に迫る場合は、捜査機関が有力な情報源となります。単に警察から聞いた話をそのまま報道する。ただ判決が出た内容をそのまま報道する。疑問を持たず、何も考えず報道するのでは、事件を検証することをメディアはできません。

昔と比べて、今はツールが高度化し、情報は入手しやすくなっています。マスコミの衰退も目立ち、先行きも危ぶまれています。そんな中で、組織の壁を超えて共同で取材する枠組みがあったら、事実・真実を明らかにする事柄がたくさんあるはずです。そして、新たな報道の仕方が生まれるのではないかと期待しています。

参考文献等

『権力VS調査報道』（高田 昌幸・小黒純　旬報社）
『権力に迫る「調査報道」』（高田 昌幸・大西祐資・松島佳子 編著　旬報社）
『ウラ金 権力の味』（古川 利明 第三書店）
『ポム！ 正義の弁護士』（釣部人裕 シェア書房）

（文責 釣部 人裕）

あとがき

今回、万代宝書房から『司法の裏金～警察・検察・裁判所の裏金作りの手口と権力の本質を歪める働き』の書籍が出版されました。

これまで警察・検察・裁判所のそれぞれの裏金を個別に明らかにした本は存在しました。本書の執筆者達が中心です。また警察・検察の裏金をまとめた本もありました。しかし、これまでも三者統合の裏金を集約した本の必要性が強調されていましたが、それがなかなか実現出来ませんでした。それがこの度、万代宝書房による絶大なご尽力でこれが果たされたのです。これによって日本の捜査、裁判の全ての機関が裏金の獲得に毒されている状況が一見して明白になったのです。万代宝書房刊の『司法の裏金』は今後絶大な効果を発揮することは間違いありません。

これまで、三機関の裏金を個別に見てきたのでは気づけなかった点が、三者統合の裏金問題を集約したことで多くの事に気づかされました。

主たる点は以下の観点です。

（1）これまで諸外国が既に採用している「捜査法」がなぜ日本には存在しないのか。

（2）諸外国が捜査の合理性を追及した結果、制度化している捜査の三段階方式を日本はなぜ採用しないのか。

（3）諸外国が起訴前の被疑者の勾留を2～3日に止めて、自白偏重捜査に陥ることを防止しているのに、なぜ日本は起訴前に23日もの長期の勾留をし、自白偏重捜査を続けているのか。

（4）諸外国や国連から日本は人権後進国と非難されながら、なぜ改善の努力をしないのか。

（5）裁判員法の公判前整理手続は、非公開で公判廷の裁判前に裁判の実質を全て終了してしまい、裁判公開の原則に反する憲法違反の疑いがあるが、なぜこのような手続を新設したのか。

（6）なぜ、日本には重大な冤罪が多発するのか。

以上のような原因の全てに、公務員による裏金の獲得が密接に関連していることが、この『司法の裏金』の発刊で明白になりました。本書『司法の裏金』が明らかにした公務員による裏金の獲得は、単に公務員の違法行為や背任行為、公務員の嗜好の問題ではなく、冤罪を多発させ、日本自体を衰退させる重大な犯罪行為であることが明らかになりました。

このような公務員の裏金を防止する制度を充実させ、国民の主権者意識を一層高めることに努める必要があります。本書『司法の裏金』がそれらについて重大な役割を果たすことでしょう。

さらに本書では、司法の裏金と密接に関連する「第四の権力」といわれるマスメディアについても従来とは少し異なる視点から詳細に指摘がされています。「第四の権力マスメディア」です。

「第四の権力」といわれながら司法関係の報道に、なぜ「第四の権力」の実質が果たされないのか。それにはさまざまな制約があり、それが果たされない理由であることが論じられています。

そのさまざまな制約の根底に公務員による裏金獲得が顔をのぞかしているのです。報道の自由、報道の充実は国民生活の充実にとっても不可欠です。報道は、「第四の権力」の実質を有することが社会にとって必要不可欠です。

マスメディアが「第四の権力」の実質を発揮するためにも、公務員の裏金は防止されなければなりません。裏金問題はこのように社会のあらゆるところに関連しているのです。

何よりも、あまりにひどい裏面、冤罪に、消極的平和主義、による公務の怠慢に対し、怒った市民の「暗殺民主主義」と称すべき民主主義の爆発があります。そのためにも第四の権力の実体分析は必要不可欠です。

二〇二三年六月吉日

弁護士　生田　暉雄

◆釣部 人裕（つりべ ひとひろ）プロフィール
1961年 北海道札幌市生まれ
1998年 ジャーナリスト活動開始
2021年（一社）関東再審弁護団連絡会 設立
万代宝書房法人化（合同会社）
【主な著書】
『決定版 歯の本』（ダイナミックセラーズ出版2012年）『油が決める健康革命』（ダイナミックセラーズ出版2014年）『警察管理国家』（万代宝書房2021年）『ガダルカナル島帰還兵が語る！～平和への願い』（万代宝書房2021年）『紀州のドン・ファンは死んだのか？ それとも殺されたのか?』（万代宝書房2021年）『和歌山カレー事件 再審請求書面を解析してみると…』（万代宝書房2022年）など

◆川上 道大（かわかみ みちお）プロフィール
1947年 香川県生まれ
1976年 財団法人日本武道振興会を設立
1982年 協同組合香川県健全企業振興会を設立
1992年1月 株式会社四国タイムズ社を設立
紙面媒体「四国タイムズ」を創刊
2002年4月 四国タイムズホームページを開設
2016年4月 日本タイムズホームページを開設
社名を株式会社日本タイムズ社に変更

◆生田 暉雄（いくた てるお）プロフィール
昭和16年生まれ 弁護士（香川県弁護士会）
【職歴】
1967年 司法試験合格
1970年 裁判官任官
1987年 大阪高裁判事
1992年 退官，弁護士
裁判官歴22年，弁護士歴30年
【主な著書】
『裁判が日本を変える』（本評論社2007年）、『裁判員任官拒否のすすめ』（WAVE出版2009年）、『最高裁に「安保法」違憲判決を出させる方法』（三五館2016年）、『和歌山カレー事件「再審申立書」冤罪の大カラクリを根底から暴露』（万代宝書房2021年）、『和歌山カレー事件「再審申立書」【概説】』（万代宝書房2021年）、『国連に「冤罪・和歌山カレー事件」を訴える』（万代宝書房2023年）など

司法の裏金
～警察・検察・裁判所の裏金作りの手口と
権力の本質を歪める働き

2023年6月18日　第1刷発行
著　者　釣部 人裕・川上 道大・生田 暉雄
編　集　釣部 人裕
発行者　釣部 人裕
発行所　万代宝書房
〒176-0002
東京都練馬区桜台1丁目6番9号 渡辺ビル102
電話 080-3916-9383　FAX 03-6883-0791
ホームページ：https://info@bandaihoshobo.com
メール：info@bandaihoshibo.com
印刷・製本　日藤印刷株式会社
落丁本・乱丁本は小社でお取替え致します。

ISBN　978-4-910064-82-6　C0036

装丁・デザイン　小林 由香